JN212199

阿部利彦
×
赤坂真二
×
川上康則
×
松久眞実

人的環境のユニバーサルデザイン

東洋館出版社

【目次】人的環境のユニバーサルデザイン
—子どもたちが安心できる学級づくり—

第2章 背景を知る　川上康則

第4章 居心地のよいクラスをつくる 赤坂真二 143

阿部利彦 Abe Toshihiko

人的環境のユニバーサルデザインとは？

総論

1 教育のユニバーサルデザイン

教師というものは、授業中、目の前に座っている子どもたちに、ただおとなしく座っているだけではなくて、授業に参加してほしいと考えているものでしょう。子どもたち一人一人がオリジナルの存在ですから、もちろん、その参加のバリエーションは多様にあると思います。

そして、せっかくそれぞれの学び方で参加してくれているのですから、授業から何かを感じとってもらいたいと願うことでしょう。先生の話やクラスメイトの意見を聞いて、あるいは教科書を読んで、何かを感じる。この「感じること」は、自分なりの考えを生み出すスタートラインに立つことなのです。

さらに、授業中に考える場面を設定してあげることで、子どもたちに新たな発見や気づきが生まれてくるでしょう。こうして、45分、50分の授業で何かを感じとり、考え、自分なりの気づきを得て、子どもは変わっていきます。授業の最初と最後を比べたときに、子どもたちの内面は変容したと言えるわけです。

しかしながら、学びにつまずきのある子どもたちは、授業を通じて変容することの難しい子どもたちです。感じたり、考えたり、気づいたりすることが他の子よりゆっくりの子もいるでしょう。授業を視覚化して見せ方を工夫したり、発問を工夫したり、話し合いの場面で配慮したりしないと、他のみんなに「おいていかれる」恐れのある子どもたちです。教育のユニバーサルデザインとは、そんな子どもたちを見捨てない、できる限りおいていかないような授業を工夫することであると考えています。

特別支援教育とイコールのように捉えられることもよくあるようですが、教育のユニバーサルデザインというのは個別の支援のことではありません。障害のあるなしに関わらず、より多くの子どもたちにとって、わかりやすく、学びやすいように教育をデザインしていくこと、子どもたち全体の学びに主眼を置いた取り組みであることを強調したいと思います。

2 教育のユニバーサルデザインにおける三つの構成要素

教育のユニバーサルデザインというと、教室環境の整備、例えば「黒板の周辺をすっきりさせる」というような刺激量の調整がすぐ思い浮かぶかも知れませんが、それは一つの側面に過ぎません。教室環境の整備は、「教室環境のユニバーサルデザイン」という一つの要素に含まれると考えます。

他の二要素としてさらに、「授業のユニバーサルデザイン」と「人的環境のユニバーサルデザイン」があり、教育のユニバーサルデザインはその三つの要素から成ると私は考えています。

授業のユニバーサルデザインは、①視覚化、②焦点化、③共有化、の三つを意識しながら授業を工夫していくものですが、そのためには「学級の雰囲気」というものがとても重要になってきます。この、より多くの子にとって学びやすい学級の空気感を醸成していくために欠かせないのが人的環境のユニバーサルデザインです。

これら三つのユニバーサルデザインは相互に影響し合っており、どれも切り離すことができません。

教育のユニバーサルデザイン

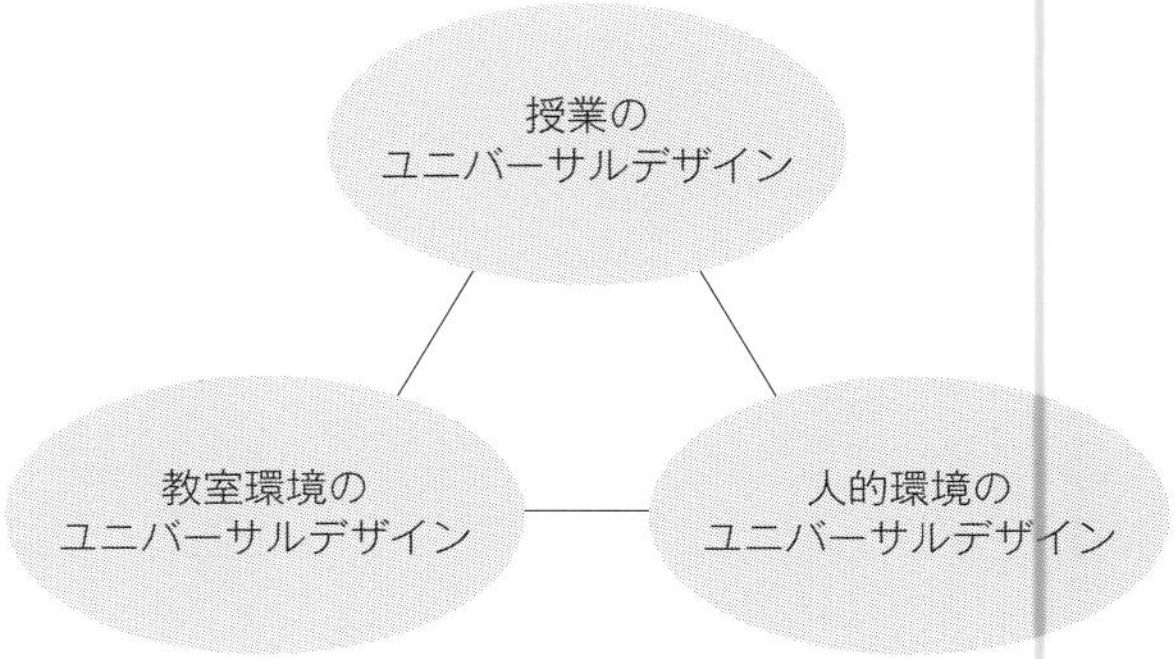

3 安心して学ぶことができる場を

人的環境のユニバーサルデザイン化に取り組む際に、私がまず重要だと考えるのは、安心して学ぶことができる場をつくることです。

もし、クラスメイトが誰かの失敗を笑ったり、誰かの意見を攻撃的に否定したり、話し合いの際に仲間はずれにしたりしたらどうでしょう。そういうクラスでは、一部の子どもだけが活躍する授業が展開されます。無視されたり、バカにされたり、おいていかれる子どもたちも出てきます。

学びにつまずきがある子どもたちの中には、失敗恐怖の強い子どもたちが多くおり、失敗したくないからチャレンジしない、そう考えて難しいことを回避してしまう傾向があります。その背景にあるのは「学習性無力感」です。努力しても無駄だ、どうせ頑張ってもわからない、自分にはできないという思いを積み重ね、「もう失敗したくない」「自分には無理」という強い思いを持つようになります。その結果、自尊感情が低くなっていくのです。

また、学びにつまずきがある子どもたちは、学習場面で「わかった」「できた」というすっきり感を味わったことがありません。一方、上位の子どもたちはこのすっきり感をたくさん知っており、だからこそ勉強に対して意欲的ですし、自分自身を信頼することができます。難しいことに挑戦する楽しさも知っているのです。

この「わかった」「できた」をより多くの子どもに提供し、つまずきのある子にも「すっきり感」を味わってもらいたいと願っています。そのためには、失敗しても大丈夫、という安心感をクラスの中に育てていくことが先決なのです。

4 わからないこと、できないことに正直になれる場を

子どもたちの中には、学習場面において自分の間違いに敏感な子もいれば、むしろ友だ

ちの間違いに敏感な子もいます。前者のタイプについては、先述の「失敗恐怖」が強いと言えるでしょう。そして、後者のタイプについては「仮想的自己有能感」が強いと考えられます。仮想的自己有能感とは、相手を低く見ることで自分の価値を高めようとする傾向のことであり、彼らも本当の意味での自己肯定感は低いと言うことができます。つまり、間違いに敏感な子どもたちに共通しているのは、自身の自己肯定感が育まれていないことだと考えられるのです。

特別支援教育では「なるべく子どもの間違いを減らすように工夫すること」を大切にする面があるように思います。もちろん、間違いへの対応はユニバーサルデザインの原則にもあるのですが、それだけではなく、間違いから学びを得ることのできる場にすることも大切であると考えます。間違いや失敗は人生につきものであり、生きていく上で避けられない間違いや失敗との上手な付き合い方を伝えていくこともまた、我々教師が子どもたちに伝えていくべきことではないでしょうか。

さて、学びにつまずきのある子どもたちは、失敗を繰り返したとしてもそこから自力で抜け出すことがなかなか難しいので、それがさらに彼らの失敗恐怖を強化してしまうことになります。ですから、間違うことは価値があることだ、すてきなことだ、間違いから新たな気づきが得られるのだ、ということを実感してもらう場を授業の中に設定していく必要があります。

授業のユニバーサルデザインのポイントは、教師が授業において子どもの間違いを価値あるものだと意味づけることです。さらには、間違いから上手に学ぶためのスキルを身につける場として、学級が機能してくれることが理想です。それにはまず、「わからないこと、できないことに正直になれるクラスづくり」から始めなくてはなりません。

5 間違いから学ぶことのできる場を

子どもはやはり正解が好きです。いや教師も好きなのでしょう。ですから、誰かが間違えると、子どもも先生もがっかりします。

しかしながら、子どもの間違いは「宝の山」でもあります。誰かが間違えてくれたからこそ、そこで立ち止まって、学び直すことができるのです。そこから新たな気づきが生まれることもあるでしょう。また、わかったと思っていた上位の子も、もう一度説明してみることで自分の考えを見直すチャンスにすることができます。

子どもたちが互いの間違いを大事にし、その間違いをクラスの仲間と分析していくことにより、問題解決への共有化が図られていくでしょう。そして「間違っても大丈夫」という安心感のあるクラスは、失敗や間違いを前にして感情的になりやすい子どもたちに感情調整を経験させる場ともなります。

さらに、皆と学ぶことで、彼らは授業を通じて「間違いに対応する力」を獲得していくことができるのです。

そこで大事になってくるのは、自分ひとりで学んだのではなく、みんなで学んだからこそ感じることができた、考えることができた、気づくことができた、という「すっきり感の共有化」です。

6 共感のつぶやきを大事に

話し合いよりも「聞き合い」がまず大事であると思います。そこには共感があります。誰かが話しているのを聞かなければならない、のではなく、聞きたくなるような学級づくりを目指していくのです。

共感が広がるクラスでは、誰かが間違えたときにも「確かにここ難しいよな」「この前私も苦戦したところだ」「この部分を勘違いしたのかな」とその子の立場を想像することができます。このようなクラスでは誰もが「わからない」「できない」を表明しやすくなるでしょう。

クラスの仲間に共通点が多いほど、共感が広がりやすくなると言われています。つまり、学習場面で友だちの意見と自分の意見の共通点を見つけるプロセスは、まさに共感性を深めることにつながると言えるでしょう。

ここで重要なことは、まず友だちの意見を聞いて、その内容にうなずきながら反応してみることです。

共感のつぶやき「あいうえお」

「あっ、そうか」
「いいね、それ」
「うんうん、なるほどね」
「えーすごい」
「おお、やるな」

次は、自分のことと「むすびつけて」考え、付け足したり、広げたりしていくステップです。

むすびつける言葉

「○○さんにつけ足しで～」

「○○さんと似ていて」
「きっと○○さんは～」
「○○さんに言われて気づいたんだけど」

このような言葉が教室で聞かれたときに教師はそれを強化し、価値づけていきます。もちろん教師の側が、子どもたちに対してどれだけ共感的な態度で聞くことができるか、そして丁寧に言葉を返せるか、ということが鍵になります。さらには、間違ってしまったソウゴさんについて「ソウゴさんの気持ちになって考えてみたらこうだと思うよ」などの共感的な言葉を、教師が意識的に返してあげることが大切でしょう。

7 援助を求めることのできる場を

ドライカース（1897～1972）によると「人間の勇気とは自分が不完全であると

認めること」だそうです。人は不完全であるからこそ、助け合う、補い合う存在なのです。学級も、互いに不完全であることを認め合えることがその土台となると思います。

そして、もう一つ、私が人としての勇気だと考えているのは「困ったときに援助を求めること」です。人に助けを求めることができるのは、弱い人ではなく勇気のある人だ、ということを子どもたちに伝えたいのです。

自立とは、一人で生きていくこと、と信じている人もいます。しかし、人は人と共に生きているのです。困ったときに、適切なタイミングで、援助を求める相手を見誤らずにSOSが出せることも自立ではないでしょうか。

ソーシャルスキルの考え方も、実は援助を求めることがスキルであるとしています。援助を求めるスキルを学べる場にクラスを育てていくことも、教師の大切な役割だと言えるでしょう。

援助を求めることが難しい人の多くは、これまで援助を求めて傷ついてきた経験を多く持っています。つまり、援助を求めたときにまた傷つくのではないか、もうこれ以上傷つきたくない、そういう意識が働いてしまい、援助を求められず辛さを抱え込んでしまう、という流れになってしまうのです。これを「傷つきやすさの仮説」と言います。

援助を求めることができる人は自尊感情が高い人だと言われています。ですから、自分に自信がない子どもは、たとえ援助を求めるスキルを獲得していたとしてもスキルを使うことをためらいます。その意味でも、子どもたち一人一人が自分を大切にできること、「自分は自分で大丈夫」という感覚を人的環境のユニバーサルデザイン化で育みたいと考えています。

8 集団肯定感のある場を

人的環境のユニバーサルデザイン化で育みたい3つの感は、①安心感、②共感、③集団肯定感です。

とくに、私は③の集団肯定感を子どもたちと共に醸成していきたいと考えています。

いつも、どんな時もみんな仲良く、ということではなく、クラスの仲間の誰かが間違えたり失敗したり、困っていたりしたら、おいていかずにいったん立ち止まってあげられること。うまくいかない友だちの視点で考えたり、悩んだりできること。そういうことができる私たちって「いいじゃん」「すげーじゃん」と思えるようなクラスをつくる、それがクラスの集団肯定感を育てることにつながっていくのでしょう。

阿部利彦 Abe Toshihiko

きっかけをつかむ

第1章

1 クラスで気になる子を「気にし過ぎる子」の存在

学習面、行動面、対人関係面で何らかの配慮が必要な子どもたちがクラスには数名在籍しています。先生がそういう「クラスで気になる子」と関わっていると、ときに周囲の子どもたちから「ずるい」「ひいき」などと言われることがあるかも知れません。「ずるい」という言葉は、先生方にとってとても「ひっかかる」言葉ではないでしょうか？　なぜなら先生というものは、クラスの子どもたちを分け隔てなく大切に、平等に扱いたいと願っているものだからです。

そこで、先生としては「なぜその子には特別な配慮が必要であるか」ということをほかの子どもたちに熱心に説明しようとするでしょう。しかし、その熱心さがまた周囲の子どもたちを刺激します。「何、アイツのために熱くなってんの？」という冷めた子もいるでしょうし、「結局そんなにアイツが大事なのかよ」とよけいに不満を持ってしまう子もいるでしょう。

この場合、先生が周囲の子どもたちに対してするべきことは「配慮を要する子」についての説明ではありません。「ずるい」「ひいき」などと言ってくる周囲の子どもたちは、自分は大切にされていない、何か損をしている気がする、そんな気持ちが強いために先生に不満をぶつけているからです。

ただ、その子どもたちは、配慮を要する子（気になる子）と同じやり方で自分を扱ってほしいと思っているわけではないのです。自分もまたクラスの一員として先生に大切にされたい、という思いを強く持っていることを理解してあげてほしいと思います。ですから、そういう子どもたちには、個別の配慮を要する子とはまた違った形での支援が必要とされるのです。

2 気にし過ぎる子は、なぜ気になる子に近づくのか

さて、「ずるい」「ひいき」だと主張してくる「気にし過ぎる子」は、個別の配慮を要する「気になる子」となぜ一定の距離を保とうとしないのでしょうか？　お互い刺激し合わないようにうまく対人距離を取れるといいのですが、現実はそううまくいかないようです。なぜなら、「気にし過ぎる子」たちはどうしても「気になる子」をほっておけないからです。ほっておけない、というとプラスの意味に捉えられるかも知れませんが、この場合はマイナスの意味です。つまり、「見ていておもしろい」「からかうとさらにおもしろい」「ムキになる姿が見たい」といった理由で目が離せないので、そばにいたいのです。中には、気になる子の失敗を笑う、間違いを指摘して怒らせる、あら捜しをしてパニックに追い込む、という周囲の子たちも存在します。

そのようないじわるな気持ちになってしまうのはどうしてでしょうか。要因の一つには、

気にし過ぎる子たちの方もあまり勉強が好きではない、得意ではない、あるいは気持ちに余裕がない、ということが挙げられます。そして、自分がクラスで最下位にならないためには気になる子の存在が重要であり、その子を勝手にライバル視して蹴落とそうと無意識的な攻撃対象にしているわけです。もう一つとしては、自分もクラスの階層の中では下の方に位置している（と考えている）ため、自分がいじめられないように弱い立場である気になる子を先に攻めて矛先をそちらに向けようとしていることが挙げられます。中には、気になる子に自分の学校生活や家庭生活のストレスをぶつけるタイプの子もいます。

3 気になる子は、なぜ気にし過ぎる子に近づくのか

一方、もし気になる子に「君子危うきに近寄らず」ができたなら、そう頻繁にトラブルは起きないはずなのです。しかし、わざわざ、自らいじわるをする周囲の子に近づいていってしまう場面もよく見受けられます。

理由としてまず考えられることは、気になる子がクラスで孤立していて、先生方以外で関わってくれるのが、いじわるをするような子どもたちだけである、という場合です。気になる子の中には「あの子たちは声をかけてくれる」「待っていてくれる」と受け止めている子すらいるのです。虐待されている子が虐待している親を慕い続けることがあるように、悲しい依存関係になっていることすらあります。

似たようなケースでは、周囲の子はバカにして笑っているのに、気になる子の方は「笑ってくれる」と受けとっていることもあります。気づいているのかも知れませんが、それ以上深く傷つくことを回避するためにも「僕（私）のことをおもしろがってくれる友だち」と考えたいのかも知れません。

また、どの子にヘルプを出せばよいのかという見立てができないために、自分をいじめる子にわざわざ援助を求めてしまっているパターンもあります。そして援助を求められた子は親切そうに近づいてその子を刺激し、パニックに追い込むのです。

「友だちは大切にしましょう」という言葉は、配慮を要する子どもたちにときにマイナスの影響を及ぼすことがあります。なぜなら、巧妙にいじわるをする子どもたちの得意な言葉は「だっておれたち（私たち）友だちだろ」だからです。そう言われると、配慮を要する子はイヤなことや辛いことでも断りにくくなってしまいます。ですから、対人関係のスキルとして「苦手な人とうまく距離をとる」スキルや、「誰に援助を求めるとよいかを見極める」スキルを身につけることが必要になるのです。

4 気になる子を気にし過ぎる子どもたちの背景

①先生に自分だけ大切にされたい傾向

私たちの小学生の頃は、「先生」というのは尊敬すべき特別な存在でした。そして先生は、クラスみんなの先生でした。また休み時間には、先生と遊ぶよりは友だち同士で遊ぶ方がずっと楽しかった気がします。

ところが最近は、友だちとの関係より先生との結びつきを優先したい子が増えてきています。とくに低学年の子の中には、先生にまるで「自分の親」のようなかかわりを期待し、先生に自分だけを見ていてほしい、とアピールする子がたくさんいるのです。「ぼくだけ見ていて」「どうして私のお世話をしてくれないの?」」、そんな子どもたちがたくさんいると、特定の子に個別の支援をしている場面を見て、いじけたり、怒ったり、先生を責めたりする子が出てくる恐れがあります。やきもちから、先生がほかの子に関わっているとその子どもに暴力をふるう子どもさえいます。

②自分に敏感で、相手に鈍い傾向

実は今、相手に対して寛容になれない子どもたちがたくさんみられます。自分はさんざんほかの子に迷惑をかけても平気で、友だちの失敗を笑ったり、揚げ足を取ったり、嫌がらせを楽しそうにやったりします。先生が「相手の気持ちになってみて」とさとしても、なかなか指導が染み込みません。

その一方で、いざ自分が誰かにちょっと責められたり、何かされたりすると、深く傷ついたり、泣いたり、叩いたり、大騒ぎをしたりします。そんな被害感の強い子どもが増えています。

③楽しいこと、ラクなことに流れる傾向

いまこのときが楽しければいい、がんばるのは面倒だ、そんな雰囲気が子どもたちの間に蔓延しています。また、好きか嫌いか、楽しいか楽しくないか、が物事の判断基準になっています。授業中の子どもたちの言葉に耳を傾けてみると、「めんどくさい」「これキラ～イ」「わかんねー」「やりたくねー」「つまんなそう」…そんな言葉が飛び交っていることに気づくでしょう。「じっくり取り組む」「プロセスを楽しむ」といったことの大切さを伝える機会が減ってきていることにも問題があるようです。

④気持ちを切り替えることが苦手な傾向

始業のチャイムが鳴ったとき、さっと席に着ける子は教室にどれくらいいるでしょう？気持ちを切り換えて速やかに着席できる子が少なくなってきているように思えます。プライベートな時間（遊びの時間）から、オフィシャルな時間（学習の時間）に気持ちを切り替えることが苦手な子が増えているのです。

つまり、特別な配慮を要する子どもたちにみられるような特徴が、周囲の子どもたちに

も同じようにみられるのです。このことは、配慮を要する子に先生が丁寧に関わっている間に、周囲の子どもたちの間で問題行動が広がってしまう心配があるということなのです。

5 「気にし過ぎる子」たちへのタイプ別対応

気になる子に関わっている様子をみて、「ずるい」「ひいき」と思っている子どもがいないか、という学級の人的環境に対するアセスメントを先生は常に心がける必要があります。そして、クラスメイトの態度や言葉かけによって、気になる子の問題行動がより激しくなることを踏まえ、クラスの人的環境を整える手立てを検討していかなくてはならないのです。

①問題行動を真似する子（模倣犯タイプ）

気になる子がクラスで離席してしまう、先生の教材を勝手にいじってしまう、机の上に

問題行動を真似する子

立ってしまう、などの行動を繰り返していると、ほかの子どもにも「楽しそうだな」「私もやりたいな」という気持ちが湧いてくることは予想できることと思います。でも、実際に行動に移す子どもはそう多くないでしょう。問題行動を真似する「模倣犯タイプ」の子どもたちは、そういう気持ちが抑えられなくなった子どもたちです。とくに低学年の場合、一人が真似をし始めると「ぼくも」「私も」と、その行動が広がっていくスピードは大変速いものです。

模倣犯タイプは、クラスの中で、勉強がわからない、つまらないと感じている、つまり授業への参加感の低い子どもたちがほとんどです。さらには幼児性が強く、「我慢して取り組む」「集中して最後までやりきる」という耐性が育っていない、生活スキルや学習スキルを十分獲得できていないため、誰かが楽しそうにしているとすぐにつられて行動してしまうのです。

このタイプの子どもについては、「幼児性がある」という面を、「素直な部分を持っている」とリフレーミングすることもできます。裏表があるわけではないので、行動は一貫していて支援の目標がしぼりやすく、愛嬌もあって、大人の「ほめ」が大変効果的なのです。

取り組みとしては、まず基本的生活のスキルや学習のスキルを丁寧に教えていきます。

学習面での自信のなさが不適切な模倣行動の要因にもなっているので、問題行動について再三注意を促すといった方法よりも、学習面で十分な支援をし、学力をつけてあげることが最大の支援となります。気になる子から離れるよう説得したり、強制的に引き離そうとしたりするのではなく、授業で参加感を持たせ、達成感を積みあげることにより、学習に集中できるようにしていきます。関心を学習へと転換させ、結果的に気になる子から遠ざけることができるわけです。

学習や生活の目標を立てる場合には、具体的かつできるだけ低く設定してあげて、スモールステップで支援することがポイントになります。小さなことでもがんばったら大きくほめてあげるようにし、叱る際には意図的にみんなの前で叱ることでけじめをつけさせます。例え当たり前のことであっても、丁寧にその場で指導していくことが望まれます。

授業中はこまめに机間巡視して学習を支援し、少しでも「わかった」「できた」を積み重ね、もし保護者の協力が得られる場合は、家庭で宿題を見てもらったり、明日の準備を一緒にしてもらったりして、勉強に向かう動機づけを高めていく。これは気になる子への学習支援と共通する部分がたくさんあると言えるでしょう。

すなわち、授業のユニバーサルデザイン化を工夫していくことにより、問題行動を真似する子どもたちを変えることができるのです。

②わざと刺激する子（天敵タイプ）

彼らは模倣犯タイプに比べると、学習の理解にはあまり問題がありません。やる気が出ているときには飲み込みも速いので、先生方も教科学習で困ることは少ないかも知れません。

ただし、とにかく人の失敗をいち早く、鋭くキャッチすることに長けていて、先生が板書を間違えたり、言葉かけを噛んだりすると、速攻で「先生、間違ってます！」と勝ち誇ったように責めてきます。授業中でも思ったことはすぐ口に出し、先生が注意すると、頭をフル回転させて言い訳を連発したりします。

しかし、彼らはそれほど大物の悪といった印象はなく、普段はむしろ愛嬌があって、先生に取り入ろうという部分も持っている子どもたちなので、わざと刺激したり、からかったりする行動は、後述の「〝影〟の司令塔タイプ」の影響を色濃く受けている場合もよくあります。

天敵タイプの子は、よくも悪くも、とにかくよく気がつきます。そして最大の特徴は、

わざと刺激する子

大人の役に立つことは案外嫌いでないということです。また、何度か気になる子をパニックに追い込んでいるうちに、実は「そろそろやめたい」と思っていて、「でも自分だけやめたら、次は自分がやられる」と逡巡していることもよくあります。「よくない仲間関係」から抜け出したい思いは持っているのです。

クラスでトラブルがあったとき、事実確認のために関係する子どもを集めて指導することもときには必要ですが、むしろこのグループの場合は一人一人分けて話を聞くことが大切です。それぞれの子どもの立場や考え方、課題を十分理解しながら交通整理をしていく手法がよいでしょう。

多忙な先生方には大変かもしれませんが、彼らとは休み時間に遊んだり、一緒にスポーツをしたりすることが最も効果的です。彼らは不健康な遊びとして「誰かをいじる」ことを選択しているので、遊びを通してかかわりを深め、健康な遊びのレパートリーを増やすこと、ソーシャルスキルを育てることなどが、問題行動の軽減につながります。

さらには、授業を通じてのソーシャルスキル指導もこのタイプの子どもを変えていくことができるでしょう。彼らの到達目標としては、少し負荷をかけた設定にし、達成感をより刺激することがポイントです。あまり低いレベルだと「先生は僕を見くびっている」というような気持ちになりやすいので配慮します。

大人の役に立つことが嫌いではない彼らなので、天敵タイプの子どもたちへの対応としては一人一人に役割を与え、それが達成できたときに先生が心から感謝する、という流れを積み重ねていく支援を行いましょう。自分にも先生のような大人の役に立つことができた、という他者貢献の蓄積によって「先生が喜んでくれると、なんだか自分もうれしくなる」ということに気づかせていく取り組みが必ず効果を発揮するでしょう。それを、相手の気持ちを思いやれるようになるための働きかけの第一歩としたいものです。

また、気になる子が天敵に囲まれて学習することにならないよう、座席の工夫やグループ分けも重要な支援になります。

③影でコントロールする子（〝影〟の司令塔タイプ）

先生の目の届かないところで気になる子をこっそり刺激したり、天敵タイプの子どもたちに指示して気になる子を間接的にいじめたりする子が「〝影〟の指令塔」です。

このタイプは、例えば学習面やスポーツ面などで保護者からの過度の期待がストレスになっていたりすることが多くあります。受験の期待や、地域のサッカー、野球チームなどのレギュラーに入れるか否かのプレッシャーなどから、ストレスのはけ口を求めているのです。

またさらに厄介なのは、表向きには気になる子をよく援助しているケースです。最初は本当に善意のお世話役だったかもしれませんが、あるときふと「この子のせいで自分はなんだか損している」と気づき、表裏のある行動を取り始めることがあります。そんなふうに関係性が変わってしまう時期は、ちょうど４年生頃からです。

〝影〟の指令塔タイプを見抜くことは、先生でもなかなか難しいようです。なぜなら、前述のように援助をしている存在に見える場合もありますし、被害にあっている子でさえ先生にうまく説明できないほど、いじめ方が巧妙なのです。そして、このタイプは気になる子を怒らせるまでのプロセスそのものを楽しんでいるため、その子がパニックになってしまった段階で気持ちがとたんに冷めてしまい、その場からクールに立ち去ってしまいます。

クラスが騒然となった頃、パニックになっている子の周辺でうろうろしているのは、たいてい模倣犯タイプか天敵タイプの子どもたちで、火をつけた一番の張本人である〝影〟の指令塔の姿はありません。

影でコントロールする子

先生がいると…

先生がいないと…

そして、駆けつけた先生がクラスに介入し始めると、このタイプの子は別の顔で再登場します。仲裁役やなぐさめ役として、「みんな、ソウくんがかわいそうだろ」「そっとしておいてあげようよ」などと格好よく登場して、ときには先生から感謝される、それが〝影〟の指令塔なのです。

このタイプの子は、学級の「場」を壊すのが目的であり、クラスメイトの前向きな雰囲気や真面目なムードを破壊することに喜びを感じるという、大変屈折した部分があります。そして保護者による過度の期待、「もっとがんばれ」のストレスに追い詰められています。

彼らの保護者には、学校に協力的で文化的にも高く教養があり、一見子育てに熱心に見える方が多いようです。しかし、成績や勝ち負けなど子どもの出す結果に大きな価値をおいており、実は子どもを内面で評価していないことがあります。ですから、表面的なしつけになりやすく、学習やスポーツの成績は良くても、子どもの道徳心は育っていない場合があるのです。

では、彼らにはどのようなアプローチが有効なのでしょうか。このタイプの子どもは、大変承認欲求が強いため、影ではなく表で活躍し、認められる場面を設定していくことがポイントになります。彼らには、学習やスポーツに秀でていたり、世情に明るかったりと、強みがたくさんあります。その持ち味を大切にし、得意な分野で活躍していけるように支援すること、つまり気になる子の支援と方向性は同じです。彼らとの信頼関係を築き、目標を確認し、裏ではなく表のリーダーとして育てていく、それが私たち教育者の使命となります。

ですが、何度も大人に失望させられた経験を重ねてきている彼らと信頼関係を築くことは、生易しいものではないでしょう。信頼関係を築く上で大切なことは、彼らに対する叱り方とほめ方です。

まず、叱り方ですが、彼らはメンツというものを非常に大切にしています。ですから、その子のプライドを大切にし、ほかの子の前では叱らないよう配慮します。さらに大事なのは、ほめ方です。子ども扱いして「えらいねえ」「すごいねえ」などとほめようものなら彼らのことです、「けっ、ちっともうれしくねえんだよ」と内心舌打ちすることでしょう。

ほめるときには四字熟語などを用いたりして、意図的に、知的に高いほめ方を使いましょう。つまり「大人として扱う」「一人前として関わる」という姿勢が、「この人（先生）はほかの大人と違うかも」という思いを感じさせるのです。

少しずつ打ち解けられたら、彼らの生活に関することにも耳を傾けてほしいと思います。

家庭に何らかの課題があり、ストレスを抱えているケースが多いからです。そういった勉強やスポーツ、そして多忙感からくるストレスを、気になる子にぶつけている、という構図があるのです。

そこで、ぜひ彼らに獲得してほしいのが、適切なストレス解消法です。年齢相応のストレスマネージメントスキルを学ぶことも、ふわっとあたたかいクラスをつくるための重要な柱になるでしょう。

6 気にし過ぎる子たちの共通点とは

さて、三つのタイプの「気にし過ぎる子」について述べてきましたが、彼らの共通点としてどんなことが考えられるでしょうか?

まず挙げられるのは、自分としては正しいことを言ったのに先生に受け入れられなかった、という体験を多くしていることです。

例えば「先生、ガクさんだけちゃんとやってません。ズルをしてます」などと先生に報告すると、先生が「いいのよ、ガクさんは。特別に許してあげて」などと対応したとします。すると、「どうしてだよ」「納得できない」と、子どもたちは自分が主張した「正義」（と思っていること）が通らなかった理不尽さを経験します。そのくせ、自分が同じことをすると先生に怒られてしまうことがあったりして、なおさら「なぜ自分だけ？」という気持ちが強くなります。それが積み重なっていき、「ひいき」に対する怒りがつのるのです。

もちろんそれだけではありません。彼ら自身が「認められた」という経験が少なく、自分だってこんなにがんばっているのに、という悔しい思いをたくさん味わっていることも影響していると言えるでしょう。そう、彼らだって先生に目をかけてほしい、そう切望しているのです。

7 気にし過ぎる子と向き合う

先に述べたように、気にし過ぎる子への対応で大切なのは、気になる子のことを理解してもらうことでも、気になる子との関係修復でもありません。気になる子を気にし過ぎる子は、先生に自分を見てほしい、関わってほしい、認めてほしいと感じているので、先生がまずその子どもたちと向き合うことが大切だということです。

さて、三タイプの気にし過ぎる子たちがクラスに存在する場合、まず最初に〝影〟の指令塔タイプの子どもからアプローチしようと考えがちですが、そういうボス的な子はそれまでの大人不信が強いため、先生の気持ちを受け止めることができない場合が多々あります。天敵タイプの子どものところでも少し触れましたが、「もういじめるのはやめたい」「そういうグループから抜け出したい」と思っている子から関わっていく方がよいのです。「変わりたい」と思っている子どもから順に支援の手を差し伸べた方が、行動変容の効果は期待できます。

また、クラスの雰囲気を前向きにするために、どの子をほめるとそのプラスの影響がほかの子にも波及しやすいか、見極める必要があります。一人一人にアプローチするよりも、周囲によい反応が広がる子にアプローチする方が先生のエネルギー消費も抑えられるでしょう。

この支援は、配慮を要する子にも間接的に影響してきます。というのは、先生が言うよりも、あるクラスメイトが説明したり、注意したりする方が受け入れやすいという場合もあるからです。そのクラスメイトにお世話役を押し付けたりするのはよくありませんが、その子を介して時々間接的にアプローチする方が効果的なこともありますので、クラスの人間関係を把握し、最小限の介入で大きな成果が得られるように計画していくとよいでしょう。

人的環境のユニバーサルデザイン化に向けて

配慮を要する気になる子も、周囲の気にし過ぎる子も大切にする「人的環境のユニバーサルデザイン化」に向けて、クラスで育みたいことは三つあると思っています。それは「自己肯定感」「共感的理解」「他者視点取得」です。

「自己肯定感」とは「ありのままの自分を受け止め、自己の否定的な側面も含めて、自分が自分であっても大丈夫という感覚」だと言われています。失敗経験が多い、注意・叱責を受ける機会が多い、そして他者からのマイナス評価が多い子どもは「自己肯定感」を持ちにくくなるのです。

例えば、援助要求スキルを使うことが格好悪いという気持ちだけでなく、自己肯定感が低いことによって、どうせ自分がヘルプを求めてもうまくいかないだろうと思ってしまうと、学んだスキルを使うことができません。自分についてのプラスのイメージを持てないと、対人関係スキルは使えないのです。

次に「共感的理解」ですが、とくに配慮を要する子どもの中には、他者に共感することが非常に苦手な子がいますので、非常に難しい課題だと言えます。人への共感というものは、共感された実体験がないと起こってきにくいものです。この子は共感性がないなぁとか、このクラスの子たちは共感性が弱いなぁなどと感じたときに、「人に共感しなくてはいけないよ」などの堅い言葉でさとしただけでは効果は表れないと思います。

総論でも述べましたが、まず、教師の側が、子どもたちに対してどれだけ共感的に言葉を返せるか、ということではないでしょうか。先生は、子どもたちの最も身近な大人のモデルです。子どもたちの中には、先生の言葉遣いを真似する子が必ずいます。子どもたちの前で共感的な言葉を先生が日常的に使っていれば、同じように共感的な言葉遣いをし始める子が出てくる可能性があるのです。

最後の「他者視点取得」というのは、相手の立場に立って考えられるようになることですが、こういう感性をまず先生方が磨かなければならないと考えます。つまり、クラスの中に共感や「他者視点の芽生え」が出てきたときに、それを確実に拾い、育てていくために、先生ご自身のアンテナを高くする必要があるということです。

子どもたちに対して「シオリさんがこういう風にケイスケさんのことを考えながら言ったことは、すごくよかったなあと先生は思うよ」という風にさりげなく返してあげる。その中から子どもたちがだんだん学んでくれるということなのだと思います。

先生をお手本にしながら対人関係スキルを学ぶことで、一人一人の子どもが「自己肯定感」を持つようになっていく、これが「集団的自己肯定感」を育むことであると私は考えています。

川上康則 Kawakami Yasunori

背景を知る

第2章

1 昨今の学校や子どもたちを取り巻く背景

ここ最近、いたるところで「一斉指導が難しくなった」、「子どもたちどうしの関係づくりが希薄になった」という話を耳にします。ベテランと呼ばれる経験豊富な教員もかなり苦戦している状況を目にします。こうした学級経営や授業づくりについての課題は、以前は若手の教員ほど陥りやすく、年数とともに熟達するものだと考えられてきました。しかし今は、決してそのようには言えない現実があります。

また、教育観や子ども理解についての職員室内の対話の時間も、以前と比べてずいぶん減ったような気がします。放課後の職員室はみんなパソコンやタブレットに向かって作業していて、日々の授業のことや子どもについての雑談が減りました。それだけ、インターネット上に教育情報があふれている時代だと言えるのかもしれませんが、その分、日々の生の実践を、同僚教師の間で共有する時間が減りました。なんとなくですが、「手っ取り早くうまくいくやり方」を見つけたいというような雰囲気が社会全体を覆っているような気がしてなりません。

今、学級づくりに必要とされるのは何でしょうか。おそらく「これさえすればうまくいく」といった絶対的な方法論はありえません。仮に、学級経営にマニュアルのようなものがあったとしても、また、「良い」とされるモデルを真似たとしても、もはやその多くは通用しなくなっていると言ってもよいくらい、それぞれのクラスや子どもの課題は多様化・複雑化しています。同じ学校の中であっても、落ち着いたクラスのすぐ隣の教室で「大荒れ」状況が起こっていることも少なくありません。

そこで本章では、まず、昨今の学校や子どもたちを取り巻く背景や、クラスの子どもたちの実態を理解するためのポイントを整理します。

①集中して聞き続けることが難しくなってきている

「今どきの子どもたちは話を聞くことが苦手」という声が学校現場ではよく聞かれます。たしかに、筆者も、最近の子どもたちの集中の持続時間は全般的に短くなってきたような実感をもっています。とりわけ、話を聞かねばならない場面が苦手という子どもは少なくないようです。

しかし、子どもを取り巻く環境の変化を考えると、「話を聞くこと」が苦手な背景も理解できます。たとえば、レストランや電車などで見かける幼児の時間つぶしグッズ（別名「お待たされグッズ」）は、絵本ではなくスマートフォンの動画です。

また、テレビ番組も多くは、編集段階で文字テロップや効果音を多用しています。今どきの子どもたちの多くは、いわば「ビジュアル・ラーナー（視覚的な手がかりで学ぶ人たち）」なのだと言えます。

集中が途切れたときに、表面化しやすいのが、指しゃぶり、鼻ほじり、鉛筆かじり、文房具いじり、いす傾けあそびなどの自己刺激行動です。これらの自己刺激行動は、一斉指示や説明を聞く場面などの受け身的な時間に頻出します（左図）。

教師からみれば「手いたずら」「手わるさ」のように好ましくない行動だと見えるかもしれませんが、とらえ方を変えて子どもの立場から考えてみれば、退屈さや手持ちぶさたを場もたせする、時間つぶしの行動であると見ることもできます。

自己刺激行動は、子どもたちなりの対処策

手あそび？手わるさ？手いたずら？
子どもの立場からから考えると……

【教師視点】
こんなに必死に授業しているのに！
こんなに大切な話をしているのに！
話を聞けって指導しているのに！

「わるさ」をしているように
見えてしまう……。

【子ども事情】
・聞く場面は、集中が持続しにくい
・内容が理解できない
・興味・関心をもてない

結果として……
手持ちぶさた
退屈しのぎ
時間つぶし

②社会の変化が招いた「対人関係の希薄さ」

子どもの発達を長年見続けている作業療法士（OT）の木村順氏は、社会の変化が招いた遊びの貧弱化への危機感を訴えています。

たとえば、公園や広場で、子どもたちどうしが異年齢で遊ぶ姿は、今ではほとんど見られなくなってきています。遊びの中でトラブルになりそうなときは、未然に親が止めてしまうことが多く、葛藤から学ぶ場面がありません。またそれ以前に、公園からはみんなで一緒に使える大型遊具が消え、それとともに力を調整したり、相手を見て対応したりしながら遊ぶ場面も消えていきました。

本来、子どもが順調に育つための「脳の栄養」であったはずの遊び環境がどんどん失われ、室内あそび・指先操作あそび・機械相手あそびなどへと転換していくことによって、「その場・その時・その状況に合わせる力」が育たずじまいになっているのです（左図）。

このように、昨今の子どもたちの姿には「自分本位」に陥りやすい時代背景があります。そのことが、他者を思いやる気持ちの希薄化や気持ちを立て直したり、うまく切り替えたりすることの難しさにもつながっているのではないかと感じます。葛藤場面での耐性も低

社会の変化が招いた「あそびの貧弱化」
（木村、2015を一部改変）

①屋外あそびから室内あそびへ
②ワイルド（大自然）あそびから人工遊具あそびへ
③大集団あそびから並行あそび・孤立あそびへ
④異年齢集団あそびから同年齢相手・親相手あそびへ
⑤全身運動あそびから指先操作あそびへ
⑥人間相手あそびから機械相手あそびへ

く、「すぐにイライラする」といった特徴も見られます。

③「トラブルから学ばせる」ことに対する親の理解の変化

クラスの中では、ときに意見の相違、対立、けんかなどが起きます。それらは、対人関係術を磨く重要な要素です。けんかについては、乳幼児期の発達にかかわる「保育所保育指針」においても、3才以上の子どもにかかわる配慮事項として「けんかなど葛藤を経験しながら次第に相手の気持ちを理解し、相互に必要な存在であることを実感できるよう配慮すること」と書かれています。けんかやいざこざは、成長の「芽」のようなものであると言えるでしょう。

ところが、近頃は保護者からの要望に対する心配もあってか、学校現場でも「トラブルを起こさせない」方向に大きく傾いているような気がします。たしかに、指導の多くは「予防」や「未然対応」が基本です。トラブルは、ないに越したことはありません。しかし、折り合いをつけたり、加減を学んだりする経験を学齢期に積み上げることができなければ、トラブルへの対応のスキルも育ちません。学校と保護者で共有すべきは、トラブルをとおして、いかに「葛藤」していくことが子どもたちにとって大切かという発達的視点です。

葛藤の経験を踏まえて、子どもたちは「自己調整力」を獲得していきます。自己調整力には、自己主張する側面と、自己を抑制する側面があります。相手の事情に考慮しながら上手に自己主張していくことや、言い過ぎにならないように加減する自己抑制の力を発揮していくことは、長い目で考えれば、社会を構成する一員である子どもたちに「未来を託す」ための指導だと言っても過言ではありません。そうした視点が見失われてはいないでしょうか。

④いじめや排除につながりやすい心理的な側面

社会的に大きな問題となっているいじめ。日本のいじめは、世界の他の国のいじめと比較すると、関わる人数が多く、同調圧力に影響を受けやすいとされています。森田（2001）によれば、いじめの被害者を対象に「何人にいじめられたか」と調査を行ったところ、「2~3人から」という回答が最も多かったのは共通しているが、日本の場合は、「4~9人」や「10人以上」という回答も突出して多かったことが報告されています（次頁の図）。日本のいじめは、クラス内の雰囲気や同調圧力の影響を受けやすい、と言えるのではないでしょうか。

何人からいじめられたか
（森田洋司「いじめの国際比較研究」2001）

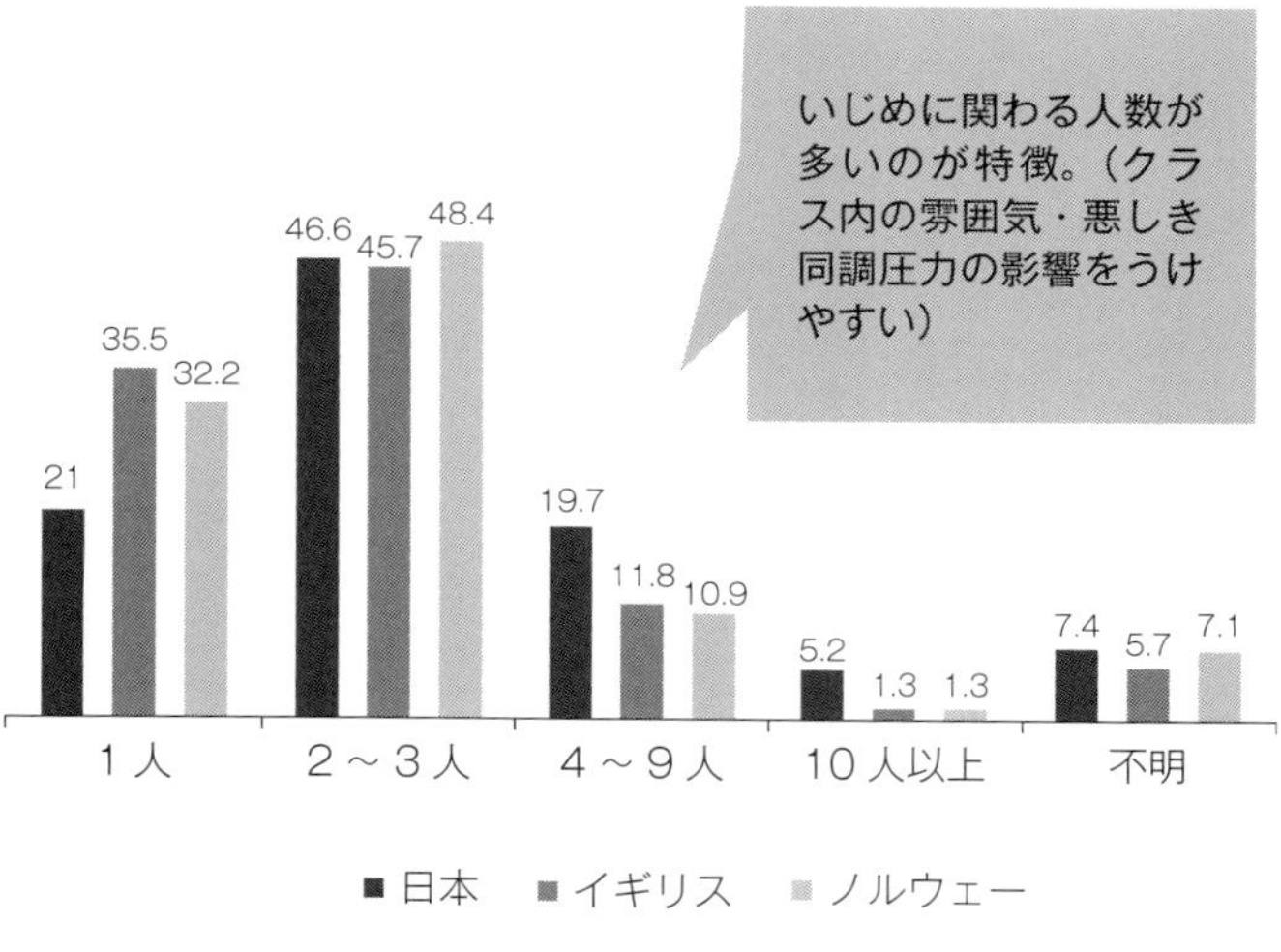

人は、一人のときと集団になったときとで違う思考回路が働くものです。集団になると、自分の言動に対する責任が薄れていくことが少なくありません。例えば、「オレだけじゃないのに！」「アイツだってやっている」などの発言はこうした心理状況を表していると言えます。これを「集団心理（または群集心理）」とよびます。

また、集団内には、気づかぬうちに、まるで伝染するかのように、多数意見になんとなく合わせなければならないような、無言の圧迫感が広がることがあります。これを「同調圧力（ピア・プレッシャー）」といいます。影響力のある誰かが「これっておかしいよね」「あれって変だよね」と発言し、それに同調・追随する人がいると、集団内に排除を許す空気感がじわじわと蔓延していきます。

このような背景から、いじめや排除が広がります。日本におけるいじめの大半は、持ち物を隠す、無視する、陰口を言う、手紙を回す、ＳＮＳで良くない情報を流すなどの非暴力系（コミュニケーション操作系）のいじめです。集団心理や同調圧力などの心理的な状況の影響を強く受けたものであると言えるのではないでしょうか。

ところが、いじめている側は自分たちの行動に対して、案外「悪いことをしている」という認識が薄いものです。同調圧力が生まれるのは、基本的に圧力を放つ側が「自分たちこそ正しい」と信じているからです。「Aさんは、強く非難されてもしかたのない存在だ。先生が叱らないのであれば、わたしたちが言動を正すのが当然だ」という気持ちでAさんに強く関わるようになるのです。むしろ出発点は「自分たちこそ正義」という気持ちであって、「相手の非を正す」ために行動していると感じていることが少なくありません。

いじめに関する報道が出ると、教育委員会の会見などで「いじめの事実は確認できなかった」と報告されることがありますが、これはおそらく、加害者や観衆の子どもたちの「相手（被害者）にもそうされる理由がある」という言い分に翻弄されてしまうのではないかと推察できます。

⑤いじめを深刻化させる「四層構造」

先ほど、加害者、観衆という言葉を使いました。いじめは、それらに傍観者と被害者を加えた「四層構造」（森田、2010）で理解することが大切です（左図）。

被害者

いじめられている子（1人の場合が多い）のことを言います。低学年のときは加害者でも、中学年、高学年になっていくにしたがって、「あの頃の仕返し」的に被害者になって

いじめの４層構造モデル

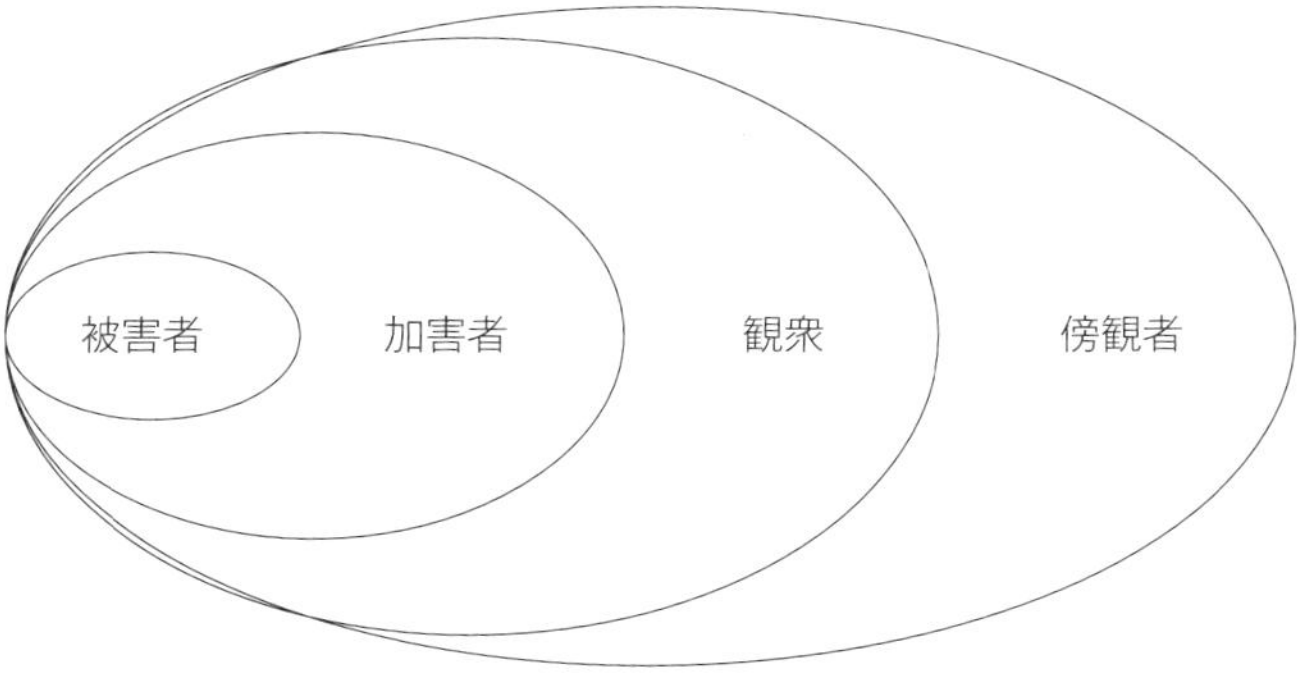

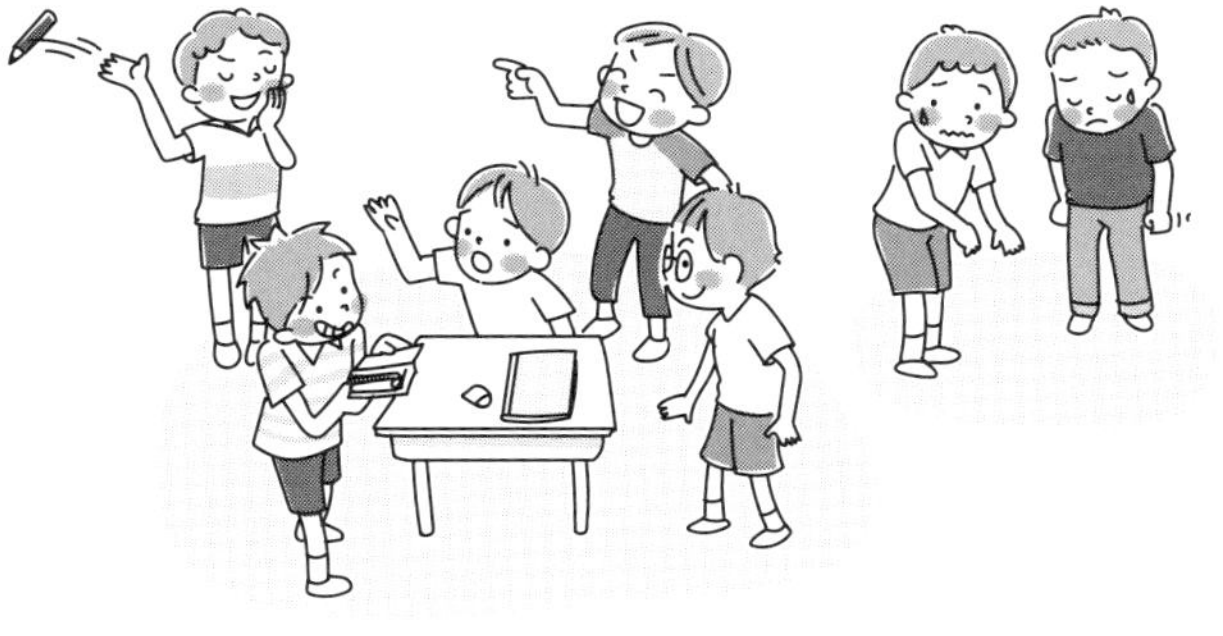

いくというケースもあります。自分のクラスの子どもたちについて、前年度の様子だけではなく、入学した時点からの様子を確認することも大切です。

加害者

いじめている子（複数の場合が多い）のことを言います。以前いじめられた経験があり、今度はその立場になることを避けようとするために、立場が逆転している場合もあります。

観衆

はやし立てて、面白がって見ている子のことを言います。いじめ加害の中心的な立場の子に同調・追従し、いじめを助長しています。

傍観者

見て見ぬふりをする子のことを言います。いじめに直接的に加担しているわけではありませんが、加害者や観衆にとっては「暗黙の了解者」と解釈され、結果的にいじめに関与していることになります。

傍観者の出現率は、学年が上がるほど増加していくという傾向があることが知られています。くわえて、日本は他の国に比べてとても高いとされています（左図）。小学校3年

「傍観者」の出現率
（国立教育政策研究所・文部科学省、2005）

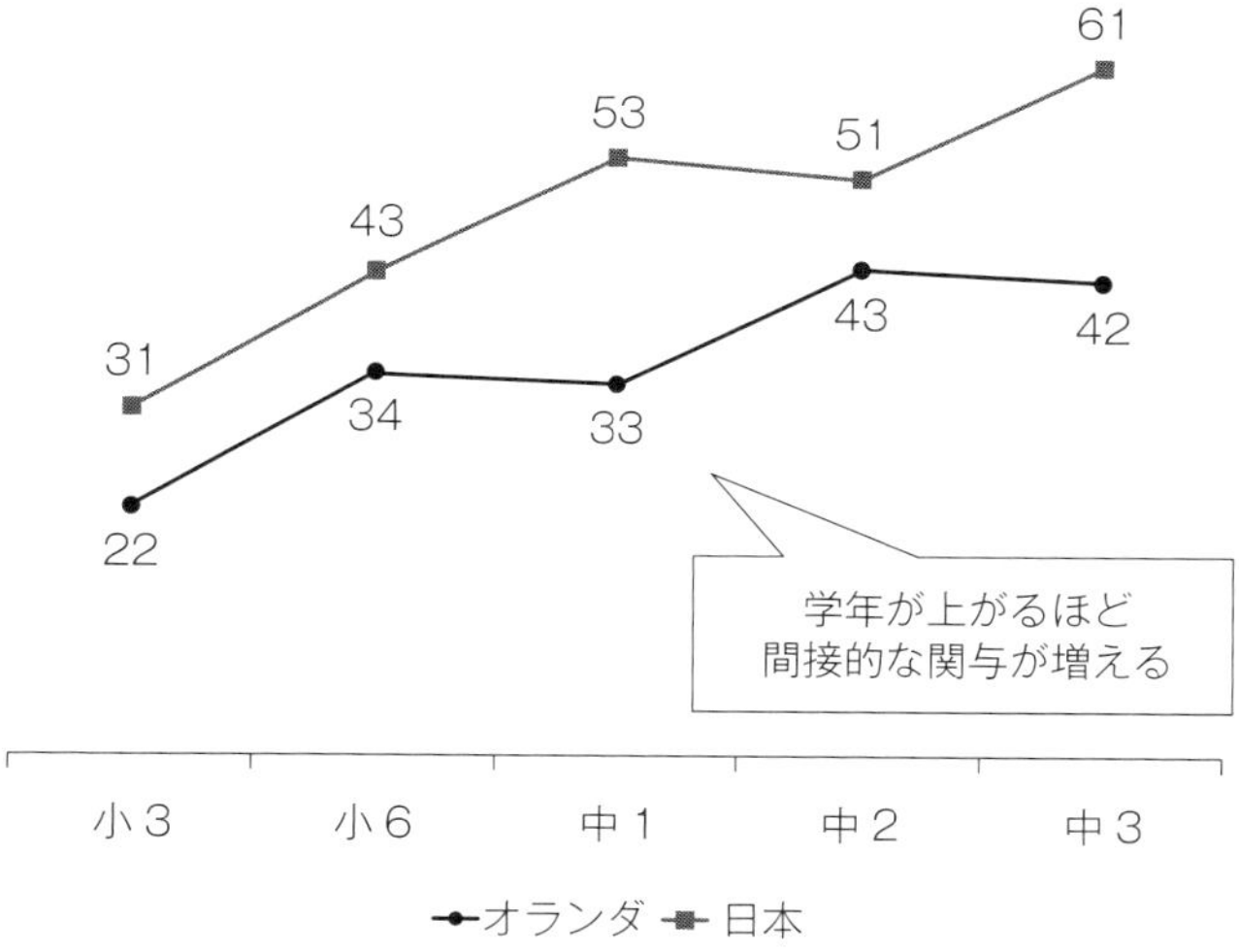

生ではクラスのおよそ3割、中学校3年生ではクラスのおよそ6割が傍観者だと回答していることを考えると、思春期の人間関係が複雑かつ潜在化していくことが読み解けます。

いじめを見て見ぬふりをする傍観者に対し、これまでの教育では、いじめを止める「仲裁者」になることを求めてきました。しかし、昨今では、正義感の強い仲裁者が「いい子ぶっている」「目立つ」という理由から、新たないじめのターゲットになりやすくなっていることにも留意しなければなりません。

⑥いじめや学級の荒れは、簡単には減らせない

いじめや学級の荒れは、そう簡単には減らせません。前述のとおり、

①相手の話に耳を傾けたり、集中して話を聞いていたりすることの難しさ
②社会環境の変化にともなう「対人関係の希薄さ」
③トラブルにならないように事前対応されてきたことによる「葛藤場面の未学習」
④いじめや排除につながりやすい集団心理や同調圧力
⑤いじめを深刻化させる複雑な四層構造

などが絡み合って、いじめや学級の荒れが生み出されていくものだからです。「いじめはいけない」という道徳律を声高に訴えるだけでは、なかなか改善されません。いじめや学級の荒れは、「どうすればなくすことができるか」という議論が展開されやすいのですが、根本的な「治療」はもはや難しいと言わざるを得ないのが現状なのです。

では、どうすればよいのでしょうか。やや逆説的な表現になってしまいますが、いじめや学級の荒れを生み出すような「間違ったやり方」を知り、それらをしないようにする、というのが今もっとも効果的なのではないかと考えます。

いじめや学級の荒れは、簡単に増やすことができます。たとえば、以下のようなことを繰り返せば、簡単にいじめや学級の荒れが起きやすい土壌ができあがります。

・子どもに強いストレスを与えて、イライラさせる
・教師が率先して、特定の子どもをいじる・恥をかかせる
・小さなトラブルを見て見ぬふりする
・トラブルがエスカレートするのを待つ
・参加感や達成感がない、つまらない授業を繰り返す

・大人の目が届きにくい場所を増やす
・子どもを力でコントロールする
・さまざまな活動を、意味もなくただやらせる
・子どもの気持ちを考慮せず、頭ごなしに叱る
・できていることやよいふるまいを「当たり前」とみなし、ほめない
・職員室内の関係を悪化させ、教師をイライラさせる
・教師の数を減らして、手が回らないようにする
・上下関係を強調するような部活動指導をする　など

人をいじめに追いやる背景を取り除くためには、いじめが起きにくい人的環境をつくるという環境改善アプローチが必要です。どうやら、子どもをどう変えるかよりも、大人側の人的環境を見直すことで子どもたちを導いていくことがポイントになると言えそうです。

⑦職員室内のハラスメントやいじめの撲滅から

アプローチすべきは子どもからではなく、まずは「大人（教師）側の人的環境」を改善

していくことです。

学校によっては、依然として職員室内のハラスメントやいじめがあります。信頼関係を築くことができていないにも関わらず、管理─服従型の学校経営で教師たちの気持ちを圧迫する管理職はいないでしょうか。強い圧で周囲の意見を封じる「クラッシャー」的な存在の教師が、職員室内の空気を支配しているような学校はないでしょうか。

ほかにも、ネガティブな言葉で周囲のやる気を削ぐ教師。群れて自分たちの意見の正しさを主張し、頑張っている同僚の足を引っ張る教師たち。「足並みをそろえる」や「組織のことを考えて」という言い方で、他者の優れた実践を妨げる教師などなど……。挙げればキリがありません。そのような人たちの心理的背景には、「自分よりも下だと思える人を見つけたい」という仮想的有能感、もしくは「自分よりも先を行く人が目障りだ」という嫉妬があるのだろうと思います。

近年、「チーム学校」というキーワードで、教員間の協力体制を強調する学校が増えてきました。それ自体は大切なことなのですが、同じ空間にただ一緒にいるだけ、というのは「チーム」とは呼べません。なぜなら、チームが成立するためには、以下の用件が満たされる必要があるからです。

1　達成すべき目標の共有
2　メンバー間の協力関係
3　それぞれの役割の明確化
4　互いの立場の尊重

目的が共有されていない「チームもどき」の状態や、互いの立場への尊重（リスペクト）が欠如した状態の「押し付けのチーム像」のもとでは、効果を発揮するチームワークが生まれません。もし、子どもたちどうしの関係性を見直し、いじめや学級の荒れの改善に踏み込もうとするのであれば、それ以前に、職員室内のハラスメントやいじめの解決から考えていくべきだと思います。

2 「人的環境のUD」の最優先課題は、「教師のあり方」

前節では、昨今の学校や子どもたちを取り巻く背景を整理した上で、環境改善、特に人的環境の見直しと改善のアプローチの重要性について述べました。本書がテーマとしている「人的環境のUD化」を考える場合、大人側のあり方を問い直すことが最優先課題であると言えます。ここでは、問い直すべき「教師のあり方」とは何かを検討し、具体的に何をすべきかを示していきたいと思います。

①よい教師は、子どもと共に笑う

イギリスの教育家ニイルは、「よい教師は子どもと共に笑い、ダメな教師は子どもを笑う」という言葉を残しました。まずは教師自身が、子どもの前で笑顔の自分を出せているのかを確認してみましょう。

また、放課後の職員室の会話を見直すことも始めてみましょう。「あの子は指導が入らない」「あの子は指示を聞こうとしない」など、子どものできていない部分を笑うような会話が飛び交うようであれば、その職員室はもはや末期的な症状だと言わざるをえません。もし、その場に居合わせたら、意識的に話題を転換する「スイッチャー」になってみましょう。

スイッチャーとは、その場の空気を壊さずに話題をそらしたり、空気が悪くなることを防いでうまく話題を転換したりする人という意味です（荻上、2018）。誰かの悪口で盛り上がりそうになったときに、その人（子ども、保護者、同僚教師）のいいところをあえて言い、「キャラ」が固定化するのを防ぐようにします。非常に高いソーシャルスキルが求められるので、誰もが目指せるわけではありませんが、学校の人的環境の崩れを未然に抑止する効果があります。

②教師本位のルール・ライン・基準を問い直す

ある先生から、学級経営の方針についてこう告げられました。「どうしても譲れないラインを越えた行動に対しては、厳しく叱るようにしています」

たしかに、叱る基準を明確にすることは、指導の一貫性においても、子どもたちにも伝わりやすくするという点においても、とても重要なことだと思います。しかし、そのラインが大人の都合で設定されていたり、子どもの能力を超えたところに置かれていたりすると、良かれと思って作られた基準が今度は一転して、教師の首を絞めてしまうような結果に陥ります。

案の定、その先生のクラスでは、叱ることが日常化していました。加えて、クラス全体に不平等感を与えないようにするという教師の気持ちが子どもたちにも伝わり、子ども同士が相互に監視し合うような、教室内にピリピリとした雰囲気が醸し出されていました。

いま一度、問い直してみてください。「それって、本当に叱るべきことですか?」

たとえば、「話している人のほうに身体を向ける」とか「先生のお話しの間はじっと座っている」といった学習規律に関することや、「呼ばれたら返事をする」とか、「発表のときは大きな声で話す」といったコミュニケーションに関することなどは、本来は徐々に「育んでいく」ことであって、叱られて直すべきことではないように思います。

また、子どもが無自覚である場合や、未学習である場合、そして発達につまずきがある場合には、何度も叱るのではなく、身につくまで何度も粘り強く「教える」姿勢が大切になります。

大人の決めた譲れないラインが、子どもの実態に見合っていないとき、それは、もはや双方にとって「苦しみの種」にしかならないと思います。

③教室に不用意に吹かせている「風」を自覚する

どの学校にも「大物」「困難」「難解」という見方をされるケースがいます。その多くは、集団参加が難しく、無理やり何かをさせようとすると強いかんしゃくを起こしたりするため、関わりの糸口を見出すのが難しく、特定の先生だけが繰り返し担任になることが少なくありません。そのせいか、校内でも「もうあの先生に任せるしか他にない」と周囲の教員も一歩引いてしまうことが多いのではないでしょうか。

現場では、とかく「どうすれば彼らを変えられるか」が議論の中心になりがちです。しかし、彼らへの対応の本質は「どうするか」という「関わり方」ではありません。教師や支援者の「あり方」です。ただ、この「あり方」というのがまた言語化しにくく、数値化もきわめて難しいところがあります。そこで「風（かぜ）」という表現を用いることにします。

彼らは「風」に敏感です。大声で強い指導をされると、その場に「鋭い風」が吹いたと感じます。また、言語だけで一方的に指導される場面は「尖った風」だと感じます。彼らはそういう風が苦手です。だから、しばしばパニックを起こします。

自分の関わりがパニックを誘発しているのに気づけていない大人は、たいてい、パニックを無理やり抑え込んだり、ペースを考えずにただ動かそうとしたり、機械的にカームダウンスペースに連れていったりします。そんなときほど「不穏な風」が流れます。だから、彼らはより強く抵抗します。

その一方で、穏やかさで包める大人のもとでは「心地よい風」が流れますから、彼らも機嫌がよいことが多いです。でも、大げさにほめられると「熱い風」だと受け取ってしまうので、認め方のさじ加減が微妙に難しいところがあります。

彼らがまず求めるのは「無風」状態です。したがって、校内研修や校内ケース会議などでは、「いかに不用意に風を起こさないでいられるか」という大人側のあり方が取り上げられなければなりません。

休み時間や授業中に、自分の発する「圧」や「風」を抑えて、ただただその子のそばにいられるかどうかを試してみましょう。また、無理に何かをさせようとせず、その子のタイミングに自分のペースを合わせにいくことも大切です。

さらに、不適切な行動にいちいち動揺しない自分を見せることや、周囲からの目を気にせずにゆったりとした気持ちで構えることも、不用意な風を吹かせない泰然自若とした姿勢を作ることにつながります。

④教師は「感情労働」という認識に立つ

教師という仕事は「感情労働」という側面が強いと言われています。感情労働は、肉体労働や頭脳労働に続く第三の形態で、人と直接的に接することが生業《なりわい》になります。

学校は、人がいなければ始まりません。子どもたちへの指導はもちろんのこと、保護者や関係機関との協力や連携が欠かせません。同僚教師との協働関係、先輩への気遣い、後輩へのOJT（On-The-Job Training）など、常に人との関わりがつきまとう仕事です。

したがって、教師という仕事には、「感情の抑制、忍耐、緊張感」がつきものなのだと理解する必要があります。「自らの感情を制する者は、教室を制す」です。

⑤子どもの心に傷を残す〝毒語〟を使わない

子どもたちが自分の思い通りに動いてくれないと、焦る気持ちが生まれやすくなります。そんな時ほど、感情のコントロールが不可欠です。焦りが積み重なると、子どもたちの気持ちを逆撫でるような「毒づいた言葉」が口から出てしまうことがあります。私はこれを〝毒語〟と呼んでいます。

毒語には、以下のようなものがあります（次頁の図）。

たとえば、「何回言われたら分かるの？」や「どうしてそういうことするの？」といった質問形式の問い詰めが挙げられます。まともに回数や理由を聞きたいわけではないはずなのに、つい質問スタイルで問い詰めてしまうことはないでしょうか。

「やる気がないなら、もうやらなくていい」とか「勝手にすれば」などの言葉の裏の意図を読ませるような言い方も、気をつけたいところです。

脅しで動かそうとする言い方も毒語に含まれます。「早くしないと、〇〇させないよ」「それじゃあ、〇〇できなくなるけどいいんだね」などの言い方で子どもの気持ちを振り回していないかどうか、振り返ってみる必要がありそうです。

子どもに心の傷を残す「毒語」

「尖った不穏な風」を吹かせる毒語

(1) 質問形式の問い詰め

●何回言われたら分かるの？

●どうしてそういうことするの？

●ねぇ、何やってるの？

●誰に向かってそんな口のきき方をするんだ？

(2) 裏を読ませる言い方

●やる気がないんだったら、もうやらなくていいから。
（→本当は「やりなさい」）

●勝手にすれば。（→本当は「勝手なことは許さない」）

●あなたの好きにすれば。
（→本当は「言うことを聞きなさい」）

(3) 脅しで動かそうとする

●はやくやらないと、□□させないよ。

●じゃあ、□□できなくなるけどいいね。

(4) 虎の威を借る言い方

●お母さんに言おうか。

●お父さん呼ぶよ。

●校長先生に叱ってもらうから。

(5) 下学年の子と比較する

●そんなこと1年生でもやりません。

●そんな子は1年生からやり直してください。

(6) 見捨てる

●じゃあ、もういいです。

●さよなら。バイバーイ。

ほかにも、「校長先生に叱ってもらおう」といった虎の威を借るような言葉、「そんな子は1年生からやり直してください」といった下学年の子どもたちと比較するような言い方、「じゃあ、もういいです。さよなら」と見捨てるような対応などが挙げられます。

学校現場では、「体罰的な指導」について調査されることがありますが、その内容は、叩く、殴る、小突くなどの身体的な傷を負わせるものに限定されていて、「心の傷」はあまり取り扱われていません。しかし、毒語を積み重ねることも、子どものトラウマ（心の傷）を作ります。目に見える傷でないがゆえに、言葉による心理的な圧迫のほうがかえって深刻かもしれません。

毒語は、教育や指導の名を借りた「マルトリートメント（不適切な関わり）」です。教室で無自覚に行われる「教室マルトリートメント」は、子どもたちの教師不信や学校不信を煽ります。毒語を浴びせられ続けたクラスでは、翌年度に、担任に向けた反発として学級が荒れることもあります。

あらためて、教師のあり方は、学校全体で問い直すべき喫緊の課題であると思います。

⑥安全基地（Secure Base）としての役割を果たす

もし、過去の「教室マルトリートメント」によって、子どもの心にトラウマとなるような傷を作られていたとしたら、どうすればよいでしょうか。友田（２０１７）によれば、「幼少期ほど柔軟ではないにせよ、根気よく時間と労力を重ねれば、修復は可能だ」と言います。教育によって傷つけられた心は、やはり教育によって癒していくしかありません。

その最大にして唯一の方法は、教師が子どもの「安全基地（Secure Base）」としての役割を十分に果たすということです。

かつて、子どもの育ちと愛着の関係について注目したボウルビィは、「子どもたちが順調に健やかに育つためには、安全と探索が必要だ」と述べました。信頼できる大人がそばにいて、安全な空間を作ってくれるという「安心感」が子どもたちの心を支えます。それと同時に、広い社会に勇気をもって飛び出すことへの後押しを受け、子どもは主体的に周囲を「探索」し始めます。これら二つの要素を結びつけるのが「アタッチメント」です（左図）。

アタッチメントは、心理学では「愛着」と訳されていますが、本来の意味は「接続、装

安全基地と探索行動を支えるアタッチメント

安全基地（Secure Base）と**探索行動**（Exploration）

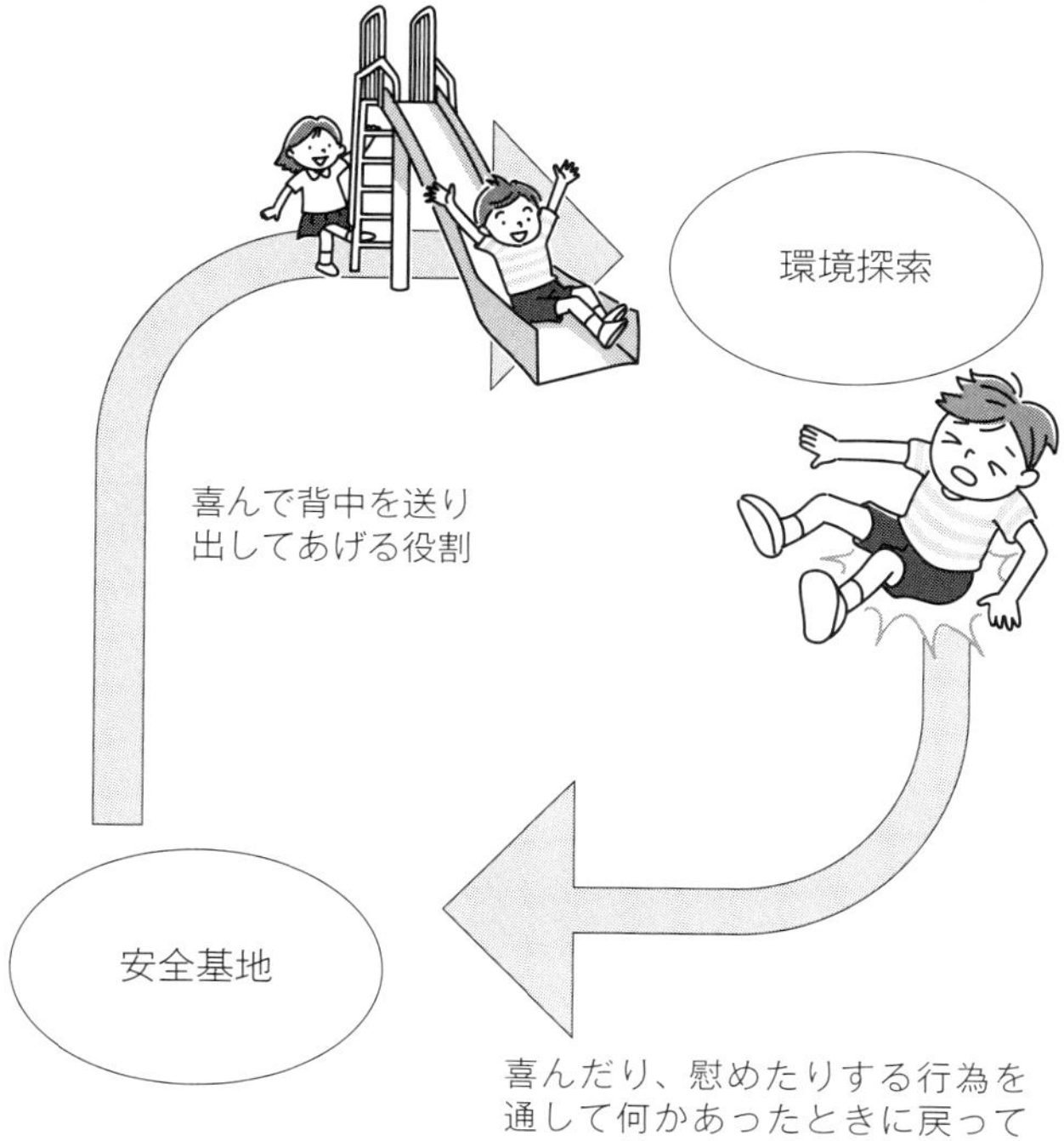
環境探索
喜んで背中を送り
出してあげる役割
安全基地
喜んだり、慰めたりする行為を
通して何かあったときに戻って

着、取り付け」です。必要な場面で距離を近づけ、そうでない場面は背中をそっと押して飛び立たせるというイメージになります。

このアタッチメントの対象は、保護者だけに限定されるものではありません。教師不信がある場合は、教師ともアタッチメントを結び直す必要があります。教師・教室という安全基地を足掛かりにして、子どもたちの興味や知的好奇心を引き出し、かつ主体的な学習活動を日々応援していくこと——これこそが、心の傷を癒せるプロセスです。

⑦言葉かけよりも、フィジカルサインを用いる

教師の関わりや手立ての一つに「言葉かけ」があります。

言葉での指導は、多くの人に同時に情報を届けることや、遠くの人に素早く物事を伝えることなど、たくさんの効果がある一方で、前述の〝毒語〟のようなマイナスの影響をもたらす場合もあります。

とくに、特定の子どもをほめる言葉かけが、「なぜ、あの子だけがほめられるのか」という不公平感や嫉妬を生むきっかけになってしまったり、叱る言葉かけが「あの子はよく叱られる子なんだ」という子どもたちの間でのマウンティング（相手を格下と見て、自分

言葉かけよりもフィジカルサイン

言葉ではなく、フィジカルサインで伝える

適切な行動にサムズアップ

不適切な行動を側面・正面から制止

の優位性を保とうとすること）に使われてしまったりすることもあるので、注意しておきたいところです。

筆者は、行動の適切さを後押しする際も、不適切な行動を制止する際も言葉かけではなくフィジカルサイン（身体の部位を使って情報を伝えること）で伝えるようにしています（前頁の図）。親指を立てるサムズアップポーズや、腕と手を広げて、行動を止めるストップポーズをタイミングよく示すようにします。

⑧相手への敬意（リスペクト）を示す

特別支援教育の基本は、なんといっても「多様性の尊重」です。そのためには、相手への敬意（リスペクト）が欠かせません。教室においては子どもたちへの敬意、学校としては保護者や関係者への敬意、職員室においては同僚への敬意が不可欠です。

敬意の対象は「人」に限定されません。相手が見て感じたこと、相手が考えて行動したこと、相手が大切にしていること、相手が背負っていること……。これらも敬意の対象とすべきです。相手への敬意にあふれた言葉には、人の心を支え、前向きにさせる力があります。反対に、敬意が欠けた言葉かけは、「他人の粗探し」にしか聞こえません。

子どもたちに対して「何をどう伝えるか」ではなく、「どんな態度で敬意を表すか」で、教師としての成熟度が決まるのです。

3 授業の腕を磨く

今も昔も、よい授業は子どもたちを魅了し、力を伸ばします。では、従前「よい」とされてきた授業と、今の子どもたちが求めている授業は同じでしょうか。

これまで「よい」とされてきた伝統的な授業は、教師の一斉指示が通る授業や、教師の発問に対し子どもが挙手で応じる授業、ねらいに対し、全員が意欲的に学習に向かう授業……などのイメージがもたれてきたように思います。ピーター・H・ジョンストン（2018）は、このような授業観の背景には、教師は「教室で知識を与える者」であり、子どもは「知識を受け取る者」であるという位置づけが存在すると看破しています。

過去には「教材研究」と「教授法（教え方）研究」を中心とした授業研究をしておけば、

一応は授業が成立していたという時代がありました（もしかしたら、あたかも成立していると錯覚されていただけかもしれませんが……）。たしかに、教材研究も教授法研究も非常に重要で、欠いてはならない不易なものです。しかし、それだけをしていても授業がうまくいかない現実が今の教室には広がっています。授業の成功モデルをそのまま行ってもうまくいかないのです。

そこで、「人的環境のUD化」と「授業のUD」の二つの領域にまたがるキーポイントとも言える、授業の腕を磨くことについて考えていきます。

①身銭を切って、学び続ける

今までのやり方が通用しない——このような教室のリアルを目の前にして、教師に求められているものは、「教師自身が学び続ける」ということではないでしょうか。

ところが、残念なことに学校現場では実践に意欲的な先生や研究熱心な先生は、異端視されたり、変わり者扱いされたりする現状があります。校内の研究主任や研究部長という立場は、よけいなことを持ち込む人あつかいを受けることがあります。また、教員のブラックな仕事ぶりが過熱気味に報道されている中では、休みの日に身銭を切ってセミナーで学んだり、本を読んだりする教師など、とんでもない変わり者に見えるのかもしれません。

しかし、子どもたちや保護者は「学び続ける教師こそ、本当の教師だ」ということを知っています。そして、身銭を切って参加するセミナーでこそ、「ここに集う人たちの姿こそが、本当の教師だ」と実感します。学び続ける人たちが集う場に身を置き、ここが「自分の居場所」なのだという帰属意識を高めてみてください。

②子どもたちをひきつける要素を授業に取り入れる

子どもたちが魅了される物の一つに「ゲーム（ビデオゲーム）」があります。ゲームは、学校現場では「良くないもの」「好ましくないもの」と見なされる傾向が根強いようですが、むしろ、ゲームがもつ魅力を丁寧に分析し、その要素を授業に取り入れるほうが教育活動は充実します。

ゲームが子どもたちをひきつける理由は、以下のように整理できます。

1　難易度の設定がうまい

簡単すぎても、難しすぎても飽きられてしまいます。これは授業も同じです。しかもゲームのほうは、飽きられてしまったときには見向きもされなくなります。優れたゲームは、

「少し手ごわいけれども、頑張ってやってみるか」という難易度をキープし続けているので、プレイヤーを数百時間もひきつけることができます。

2　ほめて育てて、達成感を高めさせるのがうまい

「レベルが上がる」「一機増える」「ライフが回復する」など、適切な時期に「ごほうび」を得ることができます。ごほうびの獲得を目指して行動するため、プレイヤーのモチベーションを高く保つことができます。また、「リプレイ」などの機能を用いることで、うまくできた場面を即時にフィードバックすることができます。

3　目標設定と参加感をもたせる工夫がうまい

初期の目標はとても近いところに設定されていて、すぐに手が届くようになっていますが、次第に目標までの道のりが伸ばされていきます。しかも、そのことがプレイヤーに気づかれないように進められており、ステップの組み方が絶妙です。また、最終目標もブレることがありません。加えて、中間目標が示される場面では複数の選択肢が示され、参加者自身が選択できるようになっています。こうした工夫を通して、プレイヤーに「自ら取り組んでいる」という実感をもたせています。

もはや「教師だから無条件に話を聞いてもらえる」という時代ではなくなっています。「ちゃんと聞きなさい」とか「授業を聞きたい人の権利を妨げないように」と言えば、教師のほうに視線を向けるはずだと思うのは、もうすでに時代錯誤的な考え方になりつつあります。

とくに、集中の持続時間が短い子どもたちや学習への動機づけが弱い子どもたちは「つまらない」と感じるのが早いです。彼らをいわば、「授業の面白さに敏感な子どもたち」と捉え直すことから始める必要があります。

聞かせようとするよりも、子どもたちが思わず取り組みたくなる授業をつくること、すなわち「自発的に心が動く」場面を生み出すことが、今の子どもたちの実態に見合った授業の進め方であると言えるのではないでしょうか。

③聞き続けることの難しさを前提とした一斉指示・全体説明を心がける

本章の冒頭1①（53頁）でも述べたとおり、子どもたちの多くが話を聞き続けることが難しい時代になってきています。一斉指示や全体説明を行う際には、こうしたつまずきを前提とした指導を心がける必要があります。以下、一斉指示の8つの原則をまとめておきます。

1 「注意喚起の原則」

まずは話し始める前に、十分に注意を引きつけることが大切です。一度話して伝わらなかった時は、もう一度はじめから仕切り直しです。

2 「一指示一行動の原則」

一度に受けとめられるだけの量を伝えます。低学年であれば、一つの指示で一つの行動を伝え、それを実行できたら認めるようにします。

3 「冗句不使用の原則」

話し方の癖に気づけていますか？　案外「えーっと」「あのー」「～ね」などの冗句を使用しているものです。これらは聞き取りの妨げになるので、普段から使わないように気を付けたほうがよいと思います。

4 「視覚的支援の原則」

言語だけで指示・説明をするのではなく、実物やイラスト、写真や文字などを示しながら伝えると理解しやすくなります。

5 「具体的操作の原則」

子どもが動作や操作できることを伝えるようにすると、その場で真似ることができ定着しやすくなります。

6「復唱確認の原則」

指示を復唱させる場面を作ります。インプットしたことをアウトプットすると定着しやすくなりますし、理解しているかどうかを確認することもできます。

7「反復練習の原則」

一度で身につくことばかりではありません。何度も繰り返し伝えて教えることが大切です。

8「即時対応の原則」

指示どおりに行動できていない場合はすぐに止めて、もう一度伝え直したり、やり直しをうながしたりします。

④指導スキルを整理し、関わりの中で学ばせる

授業における教師の指導スキルは、インストラクション（指導）、インターベンション（介入）、コーチング（引き出し導く）、ファシリテーション（促進）の四つに分類されます。

1　インストラクション

「インストラクション」は、教師主導で行われ、集団全体を対象とした働きかけのことを言います。狭義にはこれを「一斉指導」「全体指導」だととらえる見方もあります。本章の3③（89頁）で示した「一斉指導の原則」は、インストラクションの際の原則と言い換えることもできます。

2　インターベンション

「インターベンション」は、子どもの行動上の問題を未然に防いだり、好ましい行動を教えたりすることです。個別的な関わりであり、教師が子どもの行動に「介入」することで成立します。本章の2⑦（82頁）で示した「フィジカルサイン」は、インターベンションに該当します。

3　コーチング

近年、教育現場で重要視されるアプローチの一つです。答えを与える「ティーチング」とは対照的に、その子の内面に働きかけて答えを引き出したり、好ましい方向に導いたりするアプローチとされています。コーチングの基本的な三つのスキルとして、傾聴・承認・質問が知られています（石川、２００９）。

4　ファシリテーション

こちらも近年、教育現場で重要性が盛んに論じられているアプローチの一つであり、桂（２０１７）によれば、「集団による知的相互作用を促進する働き」とされています。

これらの指導スキルは、四象限のマトリックスで整理できます（次頁の図）。このマトリックスでは、縦軸に「集団か、個別か」を、横軸に「教師主導か、子どもの行動の支援か」をそれぞれ設定しています。

この四つの指導スキルの中で、今もっとも注目を浴びているのが「ファシリテーション」です。ファシリテーションを一言で言えば、「関わりの中で学ばせること」だと言えます。

担任がすべてを仕切るクラス、担任が教え込む授業であれば、たしかに手っ取り早く知識を伝え、技能を獲得させることができるかもしれません。しかしそれでは、クラスの中だけで通用することにとどまり、本当の力にはなっていない可能性があります。多少時間はかかったとしても、子どもたちどうしが関わり合いながら、自分たちで主体的に問題を解決していく場面が必要です。そこで培われた協同的な力（力を合わせて困難な物事にあたること）は、きっと将来にも生かされていくはずです。

指導スキルの四象限マトリックス（白松、2017 を参考に）

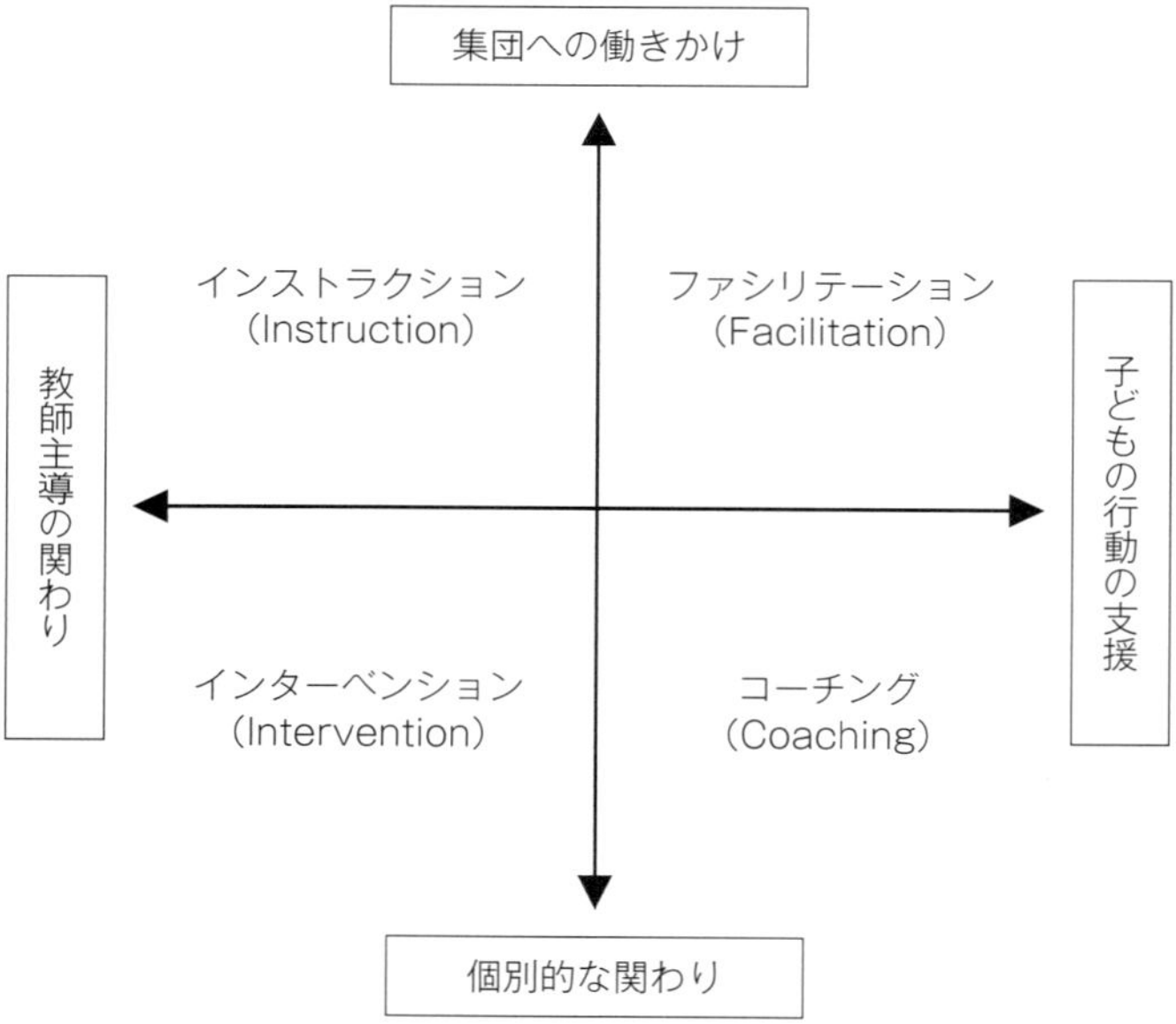

⑤ファシリテーションの具体的な方法を活用する　A「ペア活動」

授業におけるキーワードは、「参加感」と「達成感」です。参加感が薄くなったり、達成感がないと感じ始めたりすると、アッと言う間に、子どもたちの気持ちが授業から離れていくからです。そのためには、小刻みに考えたり、お互いの意見をアウトプットしたりする時間を確保する必要があります。その具体的な方法の一つが、ペアトークやペア活動です。

隣の人と学びを共有するペアトークやペア活動には、以下のような意義があります。

1　インプットしたことをアウトプットすることで記憶に残る

頭では分かったつもりのことを、あらためて、自分の言葉で整理し直すことができます。

2　理解レベルや活動の進捗状況を揃えることができる

「ここまでで大切だと思ったことを伝え合おう」とか、「ここまででノートの書き洩らしがないか確認してみよう」という時間を設けることで、ペアで確認し合って理解度や進み方を揃えることができます。

3　他の人のフィルターを通して学べる

同じ話を聞いても、人によって感じたことは異なります。それを伝え合うことで、新たな視点を獲得することができます。

4　集中を続けるために、いったん開放（ガス抜き）する効果がある

話を一方的に聞き続けることが難しい子にとっては、気持ちを切り替えることができます。

5　考えを整理させたり、自信をもたせたりする

全体発表の前にペアで話しておくことで、考えを整理させることができます。また事前に発表の練習ができるので、相手の反応を見ながら自信をもたせることもできます。

その一方で、ただ闇雲にペアトーク・ペア活動をすればよいというものではないことも理解しておく必要があります。すべての子どもが同じ学びをしているわけではなく、学び方には、それぞれの特性や個人差があるからです。

そこで発問の難易度で調整しながら、ペアトークの充実が図れるようにします。たとえば、ペアの間に学びの開きがある場合には、

「イエスかノーか、二人で意見を一致させましょう」

「AかB、どちらにするか二人で決めましょう」

「空白に当てはまるのは何か、二人で考えましょう」

などのようなクローズド・クエスチョンで設定するようにします。

⑥ファシリテーションの具体的な方法を活用する　B「ギャラリーウォーク」

ギャラリーで美術品を見て回るように、クラスメイトの記述や作品を見て回る活動を「ギャラリーウォーク」と呼びます。この活動の意義は以下のようなものです。

1　認められた「離席の機会」を作り出すことができる

多動な子や、姿勢が崩れやすい子が気持ちを立て直す時間を作ることができます。

2　静かな時間を作ることができる

聴覚情報に意識を振られやすい子どもにとって、意図的に静かな状況を作り出すことができます。

3　覚醒レベルを保つことにつながる

立つ→歩く→座るという一連の行動によって、ぼんやりしていた子どもも意識レベルを回復させることができるので、集中を取り戻しやすくなります。

4　個別的なサポート（インターベンション）がしやすくなる

全員が同時に動くため、支援を必要とする子のそばに教師がつきやすい状況を作り出すことができます。

その一方で、クラスの規律がない状態で始めると、ただただ無秩序な状況に陥ってしまうことがあります。このような状況を防ぐために、全員がノートに書き切る前に途中経過の確認を目的としたギャラリーウォークを設定したり、ギャラリーウォークそのものを短時間だけの設定として効率よく回らせたりといった工夫を行いながら、クラス全体を育てるという発想をもつようにします。

4 子どもたちをつなぎ、学級全体を育てる

どの子どもの心の中にも、「ほめられたい」、「認められたい」という気持ちがあります。そのため、子どもたちの多くは、大人（学校では教師、家庭では保護者等）の顔色をうかがいながら、ほめてもらうことを期待して動くものです。

子どもが行動する前に重要な他者の反応をうかがって行動を決定するような現象は「社会的参照（social referencing）」と呼ばれ、実は、1才前後から始まるとされています。初めての人や物、出来事に出会ったときに大人の方を一度見て、その際に大人が示した表情・動きで「安全か危険か」や「好ましいふるまいか否か」などを判断し、新しい状況に対処します。したがって、大人の顔色をうかがって行動することそのものは決して好ましくないことではなく、むしろ、情緒の発達のプロセスとしてとても大切なことだと言えます。

しかしその一方で、いつまでも大人の顔色ばかりを気にしていては、「依存が強い」「自分で考えられない」「忖度して生きていかざるをえない」という課題も出てきます。そこで、ここでは、大人の顔色を見ながら動く段階から、自分で考えて行動できる子に育てるまでのプロセスを整理していきます。

①目標に向かう行動を価値づけする

学校で、教師の顔色を見る子が多いのであれば、それは教師の心の中にある「ほめる」や「認める」の基準を子どもたちにまだ「可視化」できていない段階だと考えることができます。心の中にある内的基準を、まずは可視化・顕在化することから考えましょう。

たとえば、学級目標はどうでしょうか。学級目標は、年度初めに子どもたちと作り、きれいに装飾され、教室の前面に掲示するというクラスが多いようですが、残念ながら一年間飾りっぱなしで、使われていないということが少なくないようです。そこで、学級目標を効果的に活用することから考えていきます。

まずは、学級目標に見合った行動が出たらすぐに「今、目標のことを考えながら動いたね」と伝えてみましょう。こうすれば、学級目標は飾り物になることを防ぐことができま

す し、子どものほうも教師の顔色を頼りにするのではなく、学級目標を心に留めながら、自分で考えて行動できるようになっていきます。

②学級目標のさらなる活用を考える　学級経営のための5つのステップ

学級目標は、個別にほめたり認めたりするだけでなく、学級経営に生かすこともできます。次の5つのステップを意識してみましょう（次頁の図）。

ステップ1

手順の一つめは、子どもたちの心理メカニズムを知っておくことです。学級経営がうまくいっているときは、子どもたちの間に「共感」が広がっていることが多いです。共感が広がるというのは「人のふり見て、わがふり直せ」が成立している状態のことを言います。

たとえば、「Bさん、姿勢いいね」と特定の子をほめると、周囲のほめられてない子もサッと姿勢を正すような場面があります。これは、誰かがほめられたことを見て、私も見習いたいと感じ、友だちが叱られている場面を見て、気の毒だな、自分は気を付けようと思える、いわば、共感が広がっているクラスの特徴だと言えます。

学級目標を使いこなす５つのステップ

ステップ1

子どもの心理メカニズムを知っておく。
「共感」よりも「嫉妬」が先にくる。

ステップ2

抽象度が高い目標は「具体的」な言動のリストをつくる。
このリストは貼り出さずに、先生の頭の中にしまっておく。

ステップ3

リストにある言葉が出たら「即時評価」。
種まきを繰り返す。

ステップ4

「嫉妬」組があらわれたら、受け流す。

ステップ5

「共感」組があらわれたら、報告者もほめる。

ところが、「共感」と紙一重の感情に「嫉妬」があります。子どもたちの多くは（大人もそうかもしれませんが）、共感よりも嫉妬のほうが先にきます。嫉妬が支配するクラスでは、誰かがほめられると「ズルい、わたしは認められてない」と感じやすくなります。叱られている場面を見ると、「いい気味だ、ざまあみろ」という気持ちを抱きやすくなります。

ステップ1では、まず、この「共感」よりも「嫉妬」が先に起きやすいという心理メカニズムを知っておくことが大切です。

ステップ2

手順の二つめでは、学級目標を具体化します。

たとえば、「助け合うクラス」や「支え合うクラス」というような大きな枠組みの抽象的な目標が設定されているとします。この場合は、助け合ったり、支え合ったりする場面で「子どもたちに言ってほしい」「こんなことを言える子どもたちにしたい」と感じられる言葉のリストを作るとよいでしょう。

①友だちを待つ場面

「一緒に行こうよ」「待ってるよ」「慌てなくても大丈夫だよ」「間に合うよ」など

②友だちを励ます場面

「絶対できるよ」「一緒にがんばろうよ」「間違ってもだいじょうぶ」など

③友だちを支える場面

「手伝うよ」「一緒に持つよ」「僕に何かできることある?」など。

これらの言葉のリストは、指導の目的のために作るものであり、教室などには貼り出さないことがポイントです。貼り出すと、勘のいい子は「これを言えば、先生はほめてくれるんだ」と考えます。つまり、答えを示すのと同じになってしまうのです。そのため貼り出さずに、担任教師の頭の中だけにしまっておくようにします。できれば、副担任や専科担当の教師にもこれを伝えておくようにします。中学校では、学年団で共通認識として持っておくといいと思います。リストを作るけれども、貼り出さないというのが二つめのステップです。

ステップ3

手順の三つめです。ここからはステップ1とステップ2を組み合わせて活用していきます。まず、ステップ2の言葉のリストにある言葉を子どもが発したら、すぐに即時評価をします。

たとえば、「今の発言、聞いたかな？　Cさんが〝まだ間に合うよ〟って言ってたよね。これは学級目標にぴったりだよね。こういう声かけが増えるとうれしいね」のように伝えます。このステップは、しばらく続ける必要があります。ひたすら「種まき」を繰り返す時期だと理解しておきましょう。

ステップ4

手順の四つめです。ステップ3をしばらく続けていくと、「オレだって」という〝嫉妬〟の気持ちが芽生えてきます。なかなか認めてもらえないと感じた子どもが

「先生、オレだって言ってますけど！」

と、うったえてくるはずです。

しかし、ここでほめてしまうと、簡単に嫉妬が広がるクラスになってしまうので、ほめ

ないようにします。否定も肯定もせず、「ああ、そうだった?」と言って終わりです。

ステップ5

いよいよ手順の五つめです。

ステップ3をさらに繰り返していくと、嫉妬する子どもの登場の後を追いかけるかのごとく、〝共感〟的な態度を抱き、報告してくれる子どもたちがあらわれるはずです。

たとえば、

「先生、Dさんが〝間違っても大丈夫!〟って私に言ってくれたんです」

「先生、Eさんから〝絶対できるよ〟って励まされました」

など、相手のポジティブな行動を報告してくれる子どもが出てきます。彼らは共感レベルが高い子どもたちです。こんな報告をしてもらえたら、すかさず

「Dさんはすごいねぇ。そして報告してくれたあなたも素晴らしいよ」

「Eさんの言葉はあたたかいね。そして、報告してきてくれたあなたもありがとう」

と、伝え、報告者もほめるようにします。このようなステップを踏んでいくことで、子どもたちの気持ちや行動につながりを持たせていくことができますし、抽象的な目標を使

いこなすこともできます。

ステップ1～5は、手順は複雑に感じられるかもしれませんが、ここまで想定しておかないと、指導はどうしても後手に回ります。特別支援教育も学級経営も、何かが起こってからの対症療法スタイルではなく、常に、「事前対応」「先手の指導」を心がけておくことが大切だと思います。

参考文献

●川上康則『〈発達のつまずき〉から読み解く支援アプローチ』、学苑社、2010
●木村順『発達支援実践講座　支援ハウツーの編み出し方』学苑社、2015
●厚生労働省『保育所保育指針』、2008年3月28日告示
●森田洋司監修『いじめの国際比較研究』金子書房、2001
●森田洋司『いじめとは何か』中央公論新社、2010
●国立教育政策研究所・文部科学省編『平成十七年度　教育改革国際シンポジウム「子どもを問題行動に向かわせないために　～いじめに関する追跡調査と国際比較を踏まえて～」報告書』、2005
●荻上チキ『いじめを生む教室　子どもを守るために知っておきたいデータと知識』PHP研究所、2018
●ピーター・ジョンストン著、長田友紀・迎勝彦・吉田新一郎編訳『言葉を選ぶ、授業が変わる！』ミネルヴァ書房、2018

●白松賢『学級経営の教科書』東洋館出版社、2017
●桂聖「多様性のある学び」を支える国語授業のファシリテーション力、桂聖・石塚謙二・廣瀬由美子・日本授業UD学会編著『授業のユニバーサルデザインVol.9』東洋館出版社、2017、30—31頁
●石川尚子『やってみよう!コーチング　八つのスキルで子どもの意欲を引き出す』ほんの森出版、2009
●川上康則「気になる子がアクティブラーニングで充実して学ぶために」桂聖・石塚謙二・廣瀬由美子・日本授業UD学会編著（二〇一七）『授業のユニバーサルデザインVol.9』東洋館出版社、32—33頁

松久眞実 Matsuhisa Manami

秩序のあるクラスをつくる

第3章

1 なぜ、崩れているクラスの担任に？

「先生、もうむちゃくちゃです。見に来て下さい！」

4月、新学期が始まってまもなく、Y先生から電話がかかってきました。Y先生は、教育委員会が主催している研修に参加し、私のグループで研修していました。4月から5年生を担任するとは聞いていましたが、早くもSOSの電話です。私はすぐに学校に向かいました。まず、算数の授業を参観しました。なんと椅子に座っているのは、10人のみ。ほかの子どもたちは立ち歩いたり、トイレに行ったりしています。「体育の授業も見て下さい」とお願いされ運動場にも行きました。チャイムが鳴って整列しているのは3分の1ほど。ほかの子どもは、鉄棒やジャングルジムに登って遊んでいます。全員そろうのに10分ほど時間がかかりました。

この5年生は、1年生のときからどこかのクラスが学級崩壊している学年でした。前年度は途中で担任が変わり、離席、奇声、授業中の私語、担任に対する暴言が常態化してい

崩れているクラス……

て、授業が成立していませんでした。チャイムが鳴っても教科書もノートも出さない、文房具もそろわないので、まず授業をスタートさせるまでに時間がかかりました。音楽室へ移動中にケンカが起こり、音楽室にたどりつかないこともしばしばありました。仕方なく、音楽の先生が教室に出向いて授業をしていました。

休み時間もトラブル続きです。ケンカだけでなく、運動場で何人かがお菓子を食べているのです。なかなか教室に帰ってこないので、聞くとお菓子を食べていたことが判明しました。その経緯を問いただしていると、それだけで授業時間が削られてしまいました。

学校内だけでなく、地域からも学校にクレームが寄せられました。マンションの最上階から、水入りのペットボトルを投げ落とすのです。駐車場の車に傷をつけたこともありました。保護者からは、授業の遅れについて心配の声も上がっていました。

この学年には、支援の必要な子どもや愛着に課題を抱えている（養育者との間に生まれる心の絆がうまく形成されていない）子どもが複数在籍していました。あるクラスは4年生の途中で担任が交代したのですが、相変わらず器物破損、立ち歩き、担任への反抗、授業ボイコット、いじめ、不登校等の問題が山積し、だれも担任希望のない学年でした。

Y先生は担任を引き受けたときから、ある程度子どもたちが落ち着かないのは予想していましたが、予想以上の荒れ方でした。「なぜ、僕がこのクラスの担任に？」と正直、気持ちが滅入るばかりだったそうです。Y先生は去年も荒れた6年生を担任していて、今年は落ち着いた学年を担任したいという願いをもっていましたが、その希望は叶いませんでした。

2 気持ちを立て直して

Y先生の去年のクラスも、なんとか卒業式を迎えたものの、いつ風船が割れるかヒヤヒヤするような一年間でした。ちいさな綻《ほころ》びが表れるたびに、ガムテープで補修し、なんとか割れることは回避したものの、傷だらけの風船を中学校に渡したような感覚でした。「満足のいく一年間にしたい」「子どもたちを温かく包み込めるクラスをつくりたい」と気持ちを立て直して、4月当初からいろいろな取り組みを始めました。

5年生の3学期に研究授業がありました。私だけでなく担任外の先生や専科の先生も参観に来ていました。終わってからの反省会で、音楽の先生が泣いたのです。去年、音楽室にたどりつかなかった子どもたちが、生き生きと授業に参加していた姿に感動されたのでした。このクラスの子どもたちは担任外の先生にも職員室でお世話になることが多かったので、その先生たちが「○くんが立ち歩かずに姿勢良く座っていた」「○くんが熱心にノートを書いていた」「○さんがみんなの前で意見を発表してた」と口々に驚嘆の声をあげたのでした。

さてY先生は、４月からどのような取り組みをしたのでしょうか。

3 人的環境とは

この本のテーマである人的環境とは、いったい何を表しているのでしょうか。それを一言で表現すると、「秩序のある安心して過ごせる好意に満ちたクラス」となるかもしれません。温かいクラスになることによって、子どもたち同士が支えあい育ち合う雰囲気ができてきます。

人的環境には、二つの視点があります。一つは、支援の必要な子どもや周りの友だちを含むクラス集団、もう一つは教師自身です。この二つが最大の人的環境であるということです。気になる子ども、支援の必要な子どもは通常の学級に在籍しています。通常の学級では「個別の配慮指導」とともに、クラス集団を育てる「集団指導」の二本柱が必要不可欠だと考えています。この二本柱は車の両輪のような働きで、一つの車輪が欠けると、クラス全体が脱輪してしまいます。

「個別の配慮指導」とは子ども一人一人のアセスメントによる認知特性にあった指導ですが、往々にして個別の配慮指導に目を向けすぎるあまり、ほかの子どもたちからの「えこひいきや」「僕もしたい」などの要求が噴出し、クラスは収拾がつかない状態に陥ってしまいます。学級経営は、個別指導ではなく集団指導です。そんなこと当たり前ではないか、と思うでしょうが、世の中のきれいな言葉に惑わされている先生方はたくさんいます。それも熱心で善良な先生方ほど、迷います。かつての私もそうでした。子どもに寄り添って、子どもの気持ちを聞き取って、と思うばかりにどんどん深みにはまり、教室が荒れていった体験があります。

ベースに「集団への指導」がなければ「個別の配慮指導」は生かされません。たとえ授業中の座席の位置を工夫し、認知特性にあったプリントを用意するなど、特性に沿った支

秩序ある学級づくりの視点

●ハード面	●ソフト面
視覚支援	ほめ方
スケジュールの提示	叱り方
見通し	話し方
構造化	指示の出し方
……	目線の送り方
	教師が子どもたちに信頼・尊敬されているか
	……

援をしたとしても、次の休み時間にいじめられるとしたら、その子どもは授業に集中できるでしょうか。秩序のあるいじめや暴力のない集団でないと、支援の必要な子どもは安心してすごせません。クラスに落ち着きや秩序がなくなってくると、一番居場所がなくなるのは、支援の必要な子どもです。友だち同士で支え合う温かい人間関係が育っているクラスでなければ、支援の必要な子どもを育てるには限界があります。

もう一つ、筆者が「秩序のある学級づくり」を語るときに大切にしている視点は、「ハード面」と「ソフト面」です。ハード面とは「視覚支援」「スケジュールの提示」「見通し」「構造化」などの環境整備のことを指しています。ソフト面とは「ほめ方」「叱り方」「話し方」「わかりやすい指示の出し方」「目線の送り方」等、そして「教師が子どもたちに信頼・尊敬されているか」、という教師の立ち居振る舞いやスキルのことです。

このハード面とソフト面は、どちらも必要不可欠です。たとえ、黒板にカードを貼って視覚支援（ハード面）を実施しても、教師の説明が不明瞭（ソフト面）なら、子どもたちは内容を理解できないでしょう。反対に子どもたち全員が教師を信頼している（ソフト面）と仮定して、板書がなく一方的に聞く授業や、スケジュールがいつも変更になる（ハード面）クラスでは、支援の必要な子どもは落ち着いて学習できないでしょう。この「ハード面」「ソフト面」の両方で支えない限り、学級経営は綻びが生じてきます。

ハード面は手間がかかることが多いのですが、ソフト面は手間が少なく、しかも教師のカンとセンスで実施されていることが多いです。そこで筆者は、そのカンとセンスを言語化したいと考え「20個の取り組み」（高山・松久・米田　2009）を提唱しました。ハード面とソフト面の両方が備わった「秩序のある安心してすごせる好意に満ちたクラス」は、支援の必要な子どもにとって、最大の支援なのです。

支援の必要な子どもに教師がどう接しているかを、周りの子どもたちはよく観察しています。教師のぞんざいな言葉や冷たい表情で、その子どもが教師に大切に扱われていないことを見抜きます。ひいては周りの子どもも、その子どもに冷たい言葉を浴びせるようになります。教師は常に「好意に満ちた語りかけ」を心がけるべきです。それは子どもを信じ、言い分を聞き、温かい言葉をかけることです。

教師は一日何回も子どもたちに声をかけます。その言葉が好意に満ちているか、悪意に満ちているかで、教室の雰囲気は１８０度変わります。教師が悪意に満ちた語りかけをしていると、ギスギスした冷たい人間関係が定着してきます。反対に教師が好意に満ちた語りかけをしているクラスでは、子どもたち同士にも少しずつ好意が育ち、温かい雰囲気や友だちを助け合う雰囲気が育ってきます。温かい雰囲気のあるクラスが、疎外されがちな子どもたちに大切なのは言うまでもありません。

「ソフト面」は「人的環境」と言い換えてもいいかもしれません。「ソフト面」は教師の望ましい立ち居振る舞いを指しますが、この立ち居振る舞いは、集団へのソーシャルスキルに大きな影響を与えます。教師が、支援の必要な子どもへ温かい声かけや慈しみのある目線を送っているのか、その子をないがしろにするのかによって、その子どもを囲む環境がガラッと変わってきます。まさに、教師の立ち居振る舞いは、集団に影響を与える人的環境だと言えます。

4 4月からの7つの取り組み

では最初の話に戻りましょう。

Y先生は、4月から落ち着かないクラスにどんな取り組みをしたのでしょう。Y先生がすぐに取り組み始めたのは、次の7つです。

・静寂の時間の投入
・視覚支援
・言葉を減らす・しゃべり方の工夫
・トークンシステム
・叱る基準の明確化
・ほめ続ける
・アイビリーブ

この7つを、緊急事故後の突貫工事のように取り組みました。前年度、学級崩壊をしたクラスですから、素早い対応が必要です。次にこの7つを紹介します。

取組1 静寂の時間の投入

教師は「活気のある楽しい授業をしたい」と願っています。子どもたちも楽しい授業が大好きですが、そこから興奮しておしゃべりが増え、教室が騒然となってしまったことを経験された先生は多いでしょう。騒然となった教室では、ますます興奮する子どもが増え、教師の話を聞かなくなり、テンションが上がった子どもはトラブルを起こします。そして反対にこの騒音が苦手な自閉スペクトラム症のある子どもたちは、教室に身の置き場がなくなり、やがて教室を飛び出すか、保健室に避難するようになります。

この興奮を見逃すと、どんどんエスカレーションするので、教師は大声で怒鳴らざるを得なくなります。そこで「静かにしなさい」「うるさい」と怒鳴るとせっかくの楽しい雰囲気は台無しになります。それどころか、聴覚過敏をもつ子どもは教室にいたたまれなくなり、一部の子どもは口うるさい教師に反発を始めるかもしれません。

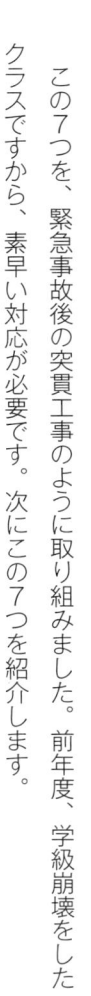

そこで、怒鳴るのではなく、「静寂の時間」（おだまりモード、ひそひそモード等）でクールダウンして落ち着かせるのです。筆者は、静かに私語なしに作業に取り組ませる時間を「静寂の時間」と名付けています（高山　２００９）。例えば「黙って、黒板の視写をする」「黙って、教科書からキーワードを５つ選ぶ」「しゃべらずに、教科書の大切な部分３つに線を引く」「黙って、驚いたことを３つ書く」など、授業の中にはいくらでも静寂の時間を投入できるチャンスがあります。この静寂の時間によって、子どもたちは落ち着きを取り戻し、クールダウンするのです。子どもたちがハイテンションになる前に、早めに対処することが肝要です。

「静寂の時間」の投入には、４つの配慮点があります。

①教師もしゃべらない

「静寂の時間」には、教師側もしゃべらず、ジェスチャー、非言語で対応し、不要な音を立てないことが大事です。教師が教室を歩く音、机を動かす音、黒板消しをパタンと置く音などすべてが刺激となり、静寂が保てなくなります。どうしても指

静寂の時間

示が必要なときは、声をひそめてしゃべるようにすると、周りの子どもたちも「今はおしゃべりもダメだし、音も立てない」ということを認識するようになります。カードの使用（次頁の図）も考えるとよいでしょう。

② 3分前後は継続する

「静寂の時間」には、およそ3分前後の時間が必要です。時間が短いと興奮は収まらず落ちつけません。教師が「静かにしなさい」と注意したり、「シーッ」と声をかけたりするといったんは私語を止めますが、子どもたちがすぐに私語を再開するのは、まだ興奮が収まっていないからなのです。

③ 終わりも大切に

「静寂の時間」が終わったときに「はい、終わり！」と教師が大きな声をあげないことです。その声が刺激となり、また興奮してしまうからです。終わりの合図もソフトに告げ、静かな雰囲気で授業を始めるよう心がけます。

カード

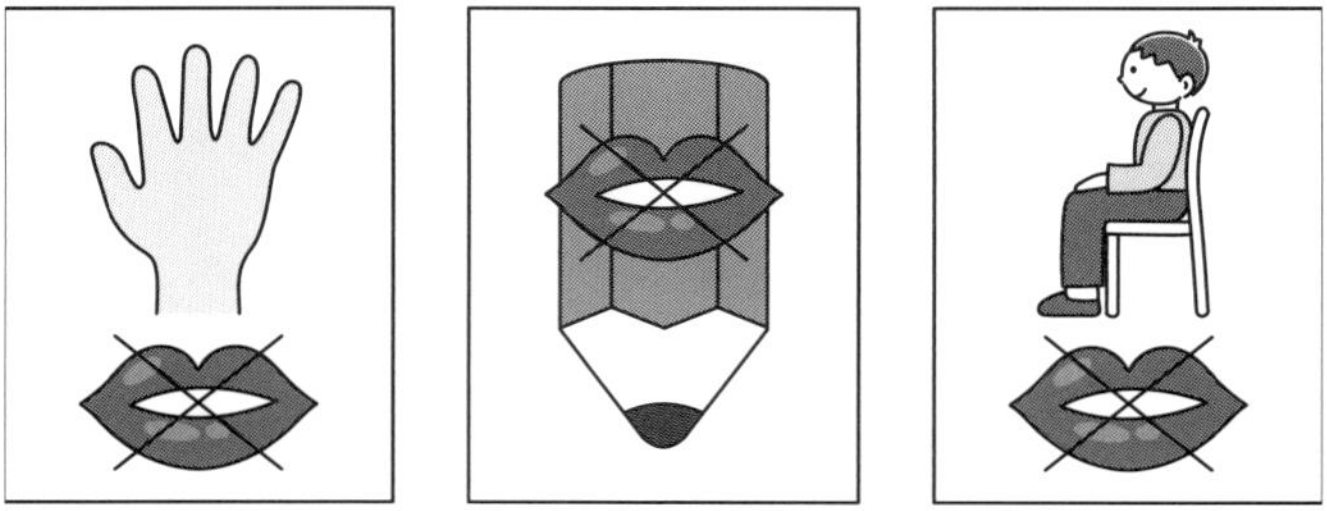

④スモールステップ

私語が多くなかなか静寂を保てないクラスでは、スモールステップで始めます。まずは「30秒黙って作業する」↓できたらすかさずほめる。次に「1分間黙って作業する」↓できたらすかさずほめます。そして2分、3分と増やしていくのです。つまりスモールステップです。さらに私は静かにできた時間を、黒板に書きます。例えば、4／20↓30秒、4／21↓1分、4／22↓2分と、静寂を保ちつつ集中できた時間を、黒板の隅に記録します。こうして記録することはほめることになり、自分たちの成長を確かめることにもつながります。これを繰り返すことによって「静寂の時間」が定着します。静寂の時間の最初の設定場面も大事です。最初は、成功できる確率の高い時間帯を選びます。例えば読書タイムなどで設定するといいでしょう。

この4つが配慮するポイントです。これが定着してくると、静寂の時間をわざわざ設定しなくても、作業時は静かに取り組めるようになります。まさに静と動を織り交ぜた、メリハリのある授業が実施できるようになります。

取組2 視覚支援

吉田（2003）が「ASD（自閉スペクトラム症）は一瞬で消えてしまってじっくりと確認できない話し言葉より、視覚的なコミュニケーション手段の方が受けとりやすい」と述べているように、聴覚的指示を補うためには視覚的表示の工夫が必要です。聴覚の聞き取りが苦手だったり、聴覚過敏のある子どもにとっては、視覚的な表示が学習の助けとなります。

また、聴覚的短期記憶能力が低かったり、不注意な子どもにとっても、視覚的表示があれば、何回も確認することができます。視覚的表示とは、板書だけでなく、レジュメやパワーポイント、写真、カードや矢印などです。Y先生のクラスでは、静寂の時間の始まりや授業の流れをカードで示したり、彫刻刀の使い方を動画で見せたり、筆洗の直し方を写真で示したりしました。

取組3 言葉を減らす・しゃべり方の工夫

Y先生が教師生活を始めたのは、遠く離れた他府県でした。1年目に担任したクラスは学級崩壊したそうです。私はY先生に、「その頃の自分と、今の自分はどこが違うの?」と尋ねてみました。すると、新任の頃は「声のトーンが一本調子」「授業にメリハリがない」「しゃべりすぎていた」「怒鳴ってばかり」「挑発されたらムキになった」と答えてくれました。

教師は「しゃべるのが商売」です。もちろん、聞くこと、書くこと、読むことも仕事です。でも一日のほとんどは子どもにしゃべりかけています。これを鍛えるかどうかは大きなポイントです。また学習障害の子どもたちは、見ることや聞くことに困難を抱えている

しゃべり方の工夫

×「きちんと書きましょう」

○「枠からはみ出さないように書きましょう」

子どもが多いです。教師の言葉が聞き取りにくい、指示が明確でない、早口でわかりにくかったら、もともとの聞く力の弱さに拍車をかけてしまいます。次のような特徴は、まずいしゃべり方の共通点です。

・余分な言葉が多い
・語尾が明確でない
・抑揚がない
・言葉があいまい
・早口のため聞き取ろうとすると疲れる

こういう場合は、例えば次のよう

に丁寧に、具体的に指示することが大切です。

「きちんと書きましょう」→「枠からはみださないように書きましょう」

「走らない」→「前の人にぶつからないようにゆっくり歩く」

「無理をしない」→「30分に1回は、5分の休憩を取る」

「あと3分で丸つけを終わります」「キーワード5つを丸で囲みます」「28ページを5分で黙読します」などの具体的な数字を使うことも有効です。

授業が上手な教師は、「言葉が少ない」「言い直さない」「余分な言葉を挟まない」「間を取る」「緩急をつける」等、しゃべり方も上手です。

取組4 トークンシステム

Y先生のクラスは、もめ事の多いクラスでした。体育の授業でも、常に勝った、負けたとトラブルが起こります。そこで、トークンシステムとして「スタンプ帳」と「ピカビー」

ピカビー

を取り入れました。トークンというのは「ごほうび」のことで、トークンシステムとは、シールやスタンプを一定集めるとそのポイント数に応じた商品と交換できるしくみです。スタンプ帳を取り入れてから、トラブルが3分の1に減ったそうです。スタンプ帳には「自分が頑張ったときにスタンプを押します。自分をほめるために、帰りの会で押します」と書いてあります。

例えば「宿題を提出(一つに1個スタンプ)」「休み時間に仲良く遊べた」「漢字小テストが合格点」などが、スタンプをもらえる基準です。中には「みんなのためにいいことをして先生にほめられた」ことも基準に入っていました。スタンプ帳がいっぱいになると「給食Wチャンス券」がもらえます。これは、人気のあるおかずが余ったら、優先的にもらえる券です。

同時にピカビー（前頁の図）にも取り組みました。こちらも「クラス全体のために良い行いをした」ときに、ビー玉を入れる取り組みです。（松久　2012）これらに取り組むことによって、バラバラだったクラスが少しずつまとまるようになり、子どもたちの横のつながりも増えていきました。

取組5 叱る基準の明確化

4月のルールは「人の心と身体を傷つけない」「時間を守る」の二つに絞りました。つまり、これを守らないときには叱るというルール（基準）の提示です。また、これを守るとほめられるということです。このように、このクラスでは何が許されないことで、何が評価されるかをはっきりさせておくことは、見通しの必要な自閉スペクトラム症の子どもたちにとって、大切な支援です。ほめるだけでは教育はできません。守るべきルールがなければ、学級の秩序がなくなり学級は崩れ始めます。そして真っ先に居場所がなくなるのは、支援の必要な子どもたちです。

途中でルールを加えたり、変更すると子どもたちは混乱し、担任を信頼できなくなります。例えば「私語禁止」なら、その指導をぶれることなく続けることが大切です。子どもによって私語を寛容に許したり、厳しくしたりするなど基準がぶれると、子ども同士の不公平感を生み、信頼関係が構築できなくなります。また私語なしに取り組むレジュメは、何分間続けるのか、自由に意見交流する時間は何分で終わらせるのか等の、枠組みを決めておくことも、見通しにつながります。

取組6 ほめ続ける

叱る基準を明確にしてから、Y先生は小さな変化をほめるようにしました。4月の初めに着席できなかった子どもたちが、どのように着席できるようになったのかをY先生に尋ねてみました。朝、教室に入ると開口一番「今日は10人座っていますね」、そして次の日は「今日は12人座っていますね」……これを毎日ずっと続けたところ、しばらくすると、全員座れるようになったそうです。子どもの行動をスモールステップにして、どんな小さな成長に対しても、ほめ続けたのです。

ある日、授業を見に行くと「4号車、きれいに並んでいます」「前を向いている人が25人!」「静かに配っているね」とほめ言葉にあふれた教室でした。同時にY先生は、常に担任である自分が、「子どもたちにとってほめてもらいたいと思われるような存在か」ということを自問自答しながら進めました。

取組7 アイビリーブ

Y先生は、「あなた」を主語にする声のかけ方でなく、「私(アイ)」を主語にする声のかけ方を心がけました。「あなた」を主語にすると「(あなたは)また忘れてる!」「早く(あなたは)座りなさい!」のように、どうしても子どもを責める口調になってしまいます。それを「私は」を主語にすると、「それを聞いて先生は悲しい」「先生は残念だな」のように、子どもを責めるセリフにはなりません。アイビリーブとは「私は~信じている」というように、私を主語にして伝える方法です。「先生は、君は上手に座れると信じてる」と言うと、子どもも受けとめやすくなります。

この7つの取り組みで、Y先生のクラスは見事に学級崩壊状態から脱したのです。

5 崩れ始める6年生

Y先生は6年生に持ち上がりました。6年生は3クラスで、クラス替えをしました。順調に1学期を終えましたが、そうは問屋が卸さないのが、思春期を迎えた子どもたちです。2学期、隣のクラスにAさんが転入してきました。初日から大声で叫び、暴言を吐きながらほかのクラスを偵察しに行きます。まず隣のクラスが騒然となり、その後、学年全体が崩れ始めました。もともと落ち着きのなかった数人の子どもたちが、Aさんにつられて廊下を徘徊するようになりました。すると真面目だった女子までが落ち着きをなくし、担任を敵にまわして反抗を始めるようになりました。

5年生のときは守っていた給食のルールが破られたり、授業中に立ち歩いて鉛筆を削ったり、宿題の提出もルーズになりました。特に合同体育や移動教室、クラスをまたいで少人数で行う授業では、Aさんを含めた数人が集まって問題行動を始めるのです。ほかの子どもたちからは「あの子だけずるい」「えこひいきや」の声が増えてきました。保護者からも「子どもが学校へ行きたくない、と言い出している」という相談が頻繁に来るようになってきました。Y先生も学年の先生方もどんどん追いつめられ、Y先生は身体までしんどくなり、朝起き上がるのも辛くなってきました。

6 覚悟を決める

10月頃、筆者はY先生を含めた6年生の先生方に会う機会があり、苦しい状況について相談に乗ることになりました。話し合う中で、6年生の先生方はこれからの覚悟を決めました。「興奮させないために、刺激を減らす」「中間層の子どもたちを認めて、ほめて大切にすること」「授業中、荒れた子どもたちが取り組めるわかりやすい課題を増やす」「感情的にならず挑発に乗らないこと」……。

このように覚悟を決めて、先生方は再び立ち上がったのです。Y先生は5年生のときに取り組んでいた7つの取り組みを見直しました。まず初心に戻って、朝から「今日は10人座っていますね」を、再度始めたのです。すると少しずつ座れるようになってきました。書き込み式のプリントや、見てわかりやすいレジュメをたくさん用意しました。そのプリントを左ページに貼り、右ページには調べ学習をまとめるという、わかりやすいノートづくりを進めました。学習に課題のある子どもも取り組むことができ、静かに学習する「静寂の時間」が増えてきました。

学年全体では、「卒業するまでにどんなクラスにしたいか」というアンケートを取り、クラスをよくするための話し合いを重ねました。その中で、合同体育や少人数で行う授業では秩序がなくなり、真面目に頑張っている子どもたちに居場所がなくなっていたことがわかりました。刺激を減らすために、合同体育や教室を移動する少人数の授業を元の形に戻し、クラスで授業を進め、TTの先生がクラスに入ることにしました。クラス集団を秩序のある状態に戻すことを、最優先にしたのです。

子どもたちと教師のつながりを深めるために「ひとこと日記」「誕生日カード」を実施しました。「ひとこと日記」は、嬉しかったことやその日の出来事を短く書き、帰りの挨拶後、教師に見せてから帰ります。返事を書くのではなく、そのときに口頭で短くやり取りをします。誕生日カードには、担任が心を込めてメッセージやイラストを書いて渡しました。一人一人とつながるためには、少し「手間ひま」をかける必要があります。

担任教師との絆を深めると同時に、クラスの子どもたち同士の絆をつくる取り組みもしました。「ピカピカカード」や「特別活動でのグループワーク」「トランプ遊び」等です。「ピカピカカード」はトークンシステムの一つですが、目標をスモールステップにしたものです。毎日、一つだけクラス全体で取り組む目標を決め、達成すると1ポイント貯金でき、10ポイントたまればお楽しみ会をするのです。例えば「昼休みのチャイムを守る」「5分で音楽教室へ移動する」等の目標です。すべての休み時間のチャイムを守ることは難しくても、昼休みだけならクリアできそうです。こうして少し頑張れば達成可能な目標を設定すると、子どもたちも頑張り始めました。そして目標を少しずつ高めながら、クラスのルールにしていきました。

その後、お楽しみ会開催を目標にすることによって、クラスがまとまりを見せ始め、中間層の子どもたちが少しずつ落ち着きを取り戻し始めました。その中間層の落ち着きに、荒れていた子どもたちの問題行動も少しずつ鳴りをひそめてきました。座って遊ぶトランプ遊びの導入によって、友だちとの笑い声が増えてきました。3学期の発表会は、なるべく冗長で単調な練習を減らし、ビデオを使って緊張感を保ちながら練習しました。繰り返

ひとこと日記

しの練習が増えると、子どもたちは集中力が持続できず、ふざけたりおしゃべりをしたり、問題行動が増えてくるからです。

3学期のある日、反抗していた女子と対決する事件が起こりました。

その頃には、中間層の何人かは、傍若無人な彼女に対する不満をもつようになっていました。その不満を背に、掃除をさぼっていた彼女に、掃除をするように強く促しました。案の定、彼女は教室を飛び出して担任に暴言を吐き、泣き始めました。深追いはせず、短く「早く戻ってこいよ」と声をかけて、教室に戻りました。しばらくして教室に戻ってきた彼女は最初ふてくされていましたが、Y先生は気がつかないフリをして、楽しそうに授業を進めました。総合的な学習の時間だったのですが、みんなが手話で歌っていると、彼女もわずかに手を動かしているではありませんか。Y先生はすかさず、彼女だけに聞こえる声で「うまい!」と短くほめました。だんだん手を動かすようになり、口を開けて声も出しています。Y先生が微笑みながらうなずくと、彼女もうなずいていました。翌日、真面目に掃除をしていた彼女と目を合わせてにっこり微笑みながら、Y先生は一つ山を越えたような気持ちになりました。

卒業式では、Y先生のクラスもほかのクラスも保護者が泣き、子どもたちはニコニコしながら巣立って行きました。ほかの先生方からは「こんな落ち着いた卒業式は、近年なかった。あの荒れた6年生がよくここまで立ち直った」と称賛の声が上がりました。

7 さいごに　妬みの感情へのアプローチ

特別支援教育が始まって10年が過ぎ、教師はそれぞれの子どもの認知特性に合わせた個別な支援が必要なことを、理解するようになってきました。気になる子に対して、教育的な配慮のもと「大目に見る」ことや「その子の特性に合わせたさじ加減」を実施したいと考えています。

ところが40人学級のクラスで実施するとなると「あの子だけえこひいきしてる」「僕も好き勝手したい」という要求や、ときにはワガママと見られる意見が周囲から噴出し、教師は追いつめられます。これをきっかけにして、学級が崩れ始めるというケースはめずらしいことではありません。これこそ、通常の学級担任が、まさに頭を抱えていることなのです。
例えば、あの子は宿題の漢字プリントを出しただけで、とてもほめられた。あの子は学校に2時間目から来ただけでとてもほめられた。あの子は、九九の七の段が言えただけですごくほめられた。私は、漢字プリントも出してるし、遅刻せずに登校しているし、七の段も言えるのに……、ほめてもらえない……。

このような場面は学校ではよく見られます。子どもたちは「なんであいつだけ！」という感覚をもち、それが担任不信につながることも少なくありません。特に「葛藤を抱えられない子ども」は、愛着に課題を抱えている（養育者との間に生まれる心の絆がうまく形成されていない）子どもに多く見られます。「あの子はいいなあ」と思っていても、たいていの子どもはその「葛藤」を抱えながら座っています。でも愛着に課題のある子どもは「葛藤」を抱えられず、先生にほめられたクラスメイトにちょっかいをかける、たたく、暴言を吐く等の行動に出ます。「あの子だけずるい」と言う子どもこそ、支援の必要な子どもなのです。

教師の気になる子への「配慮」を、子どもたちも「配慮」と捉えることができるか、それは子どもたちが教師を信頼・尊敬しているかどうかにも関係しています。そして「えこひいき」ではなく「配慮」と受けとめるためには、子どもたちの心の器を広げる必要があります。心の器が広がらないと、配慮の必要なクラスメイトを受けとめきれません。「子どもたちの小さな器を少しでも大きくする」ためには、子どもを観察して認めてほめるという「手間ひま」がかかります。支援の必要な子どものしんどさを周りのクラスメイトに訴えても、小さな器には入りません。その器を広げない限り入らないのです。

高学年の学級経営は一筋縄では運営できず、小さなきっかけでも崩壊の道をたどります。ハード面だけでは、崩れかけたクラスを立ち直すことはできません。ソフト面、すなわち人的環境である、教師の立ち居振る舞い、ほめ方、叱り方、声のかけ方、そして周りの友だちを含むクラス集団が重要になってきます。Y先生のクラスも、クラスの大部分を占める中間層を認めてほめて味方につけたこと、そして教師自身が毅然として挑発に乗らずに授業を進めたことが、立て直すきっかけになりました。

Y先生にとって、ソフト面、人的環境の大切さを、苦しみながら実感する貴重な一年間となりました。

参考文献

●阿部利彦編『通常学級のユニバーサルデザイン　スタートダッシュQ&A55』東洋館出版社、

2017
●松久眞実・岩佐嘉彦『発達障害の子どもを二次障害から守る―あったか絆づくり―』明治図書、2012
●高山恵子・松久眞実・米田和子『発達障害の子どもとあったかクラスづくり―通常の学級で無理なくできるユニバーサルデザイン―』明治図書、2009
●吉田友子『高機能自閉症・アスペルガー症候群「その子らしさ」を生かす子育て』中央法規、101、125頁

赤坂真二　Akasaka Shinji

居心地のよいクラスをつくる

第4章

1 教育のユニバーサルデザインと授業のユニバーサルデザイン

社会が大きく変化することが予想され、そうした社会の担い手となるとともに、自らの幸せを創造する力を子どもたちに育てるために、学校教育に対する期待はさらに高まっています。学校教育は、これまで「何を学ぶか」というコンテンツを大事にしてきました。要するに、教科書の内容をしっかりと教えることができれば、学校はその役割を果たすことができたのです。しかし、これからの学校には、「何ができるようになるか」というコンピテンシーを子ども達にしっかり身につけることが期待されるようになり、そのために「どのように学ぶか」という学び方が問われる時代となりました。

一人一人の学びの質が問われるとき、教育の在り方として注目されるようになってきたのが教育のユニバーサルデザイン化です。ユニバーサルデザインとは、文化、言葉、国籍、年齢、性別などの違い、障害の有無や能力差などを問わずに利用できることを目指した建築、設備、製品、情報などの設計のことです。こうした考え方を、教育にも適用しようというのが、教育のユニバーサルデザイン化の動きです。

阿部（2014）は、教育のユニバーサルデザインを「〝「より多く」の子どもたちにとって、わかりやすく、学びやすく配慮された教育のデザイン〟である」と説明します。ユニバーサルデザイン化された教育の一環として注目されるのが、授業のユニバーサルデザインです。

また、小貫（2014）は、学校教育の中のユニバーサルデザインを「発達障害がある子だけでなく、すべての子にとって参加しやすい学校、わかりやすい授業」と説明し、ユニバーサルデザイン化された授業のモデルを示しました。これによって障害がある子だけでなく、すべての子にとって参加しやすい、わかりやすい授業を実現しようとしました。

こうしたモデルの存在により、すぐれた授業実践が多数生み出されていると思われますが、一方で、村田（2014）は次のような指摘をします。

「適切なタイミングでペア学習をしているにもかかわらず、ペア学習が成立しない場面を目にすることがあります。お互いが一方的に話して相手の考えを聞こうとしないペア。盛り上がっているように見えますが、互いが攻撃的で次第に険悪な雰囲気になっているペ

授業のUDモデル
（小貫・桂2014）

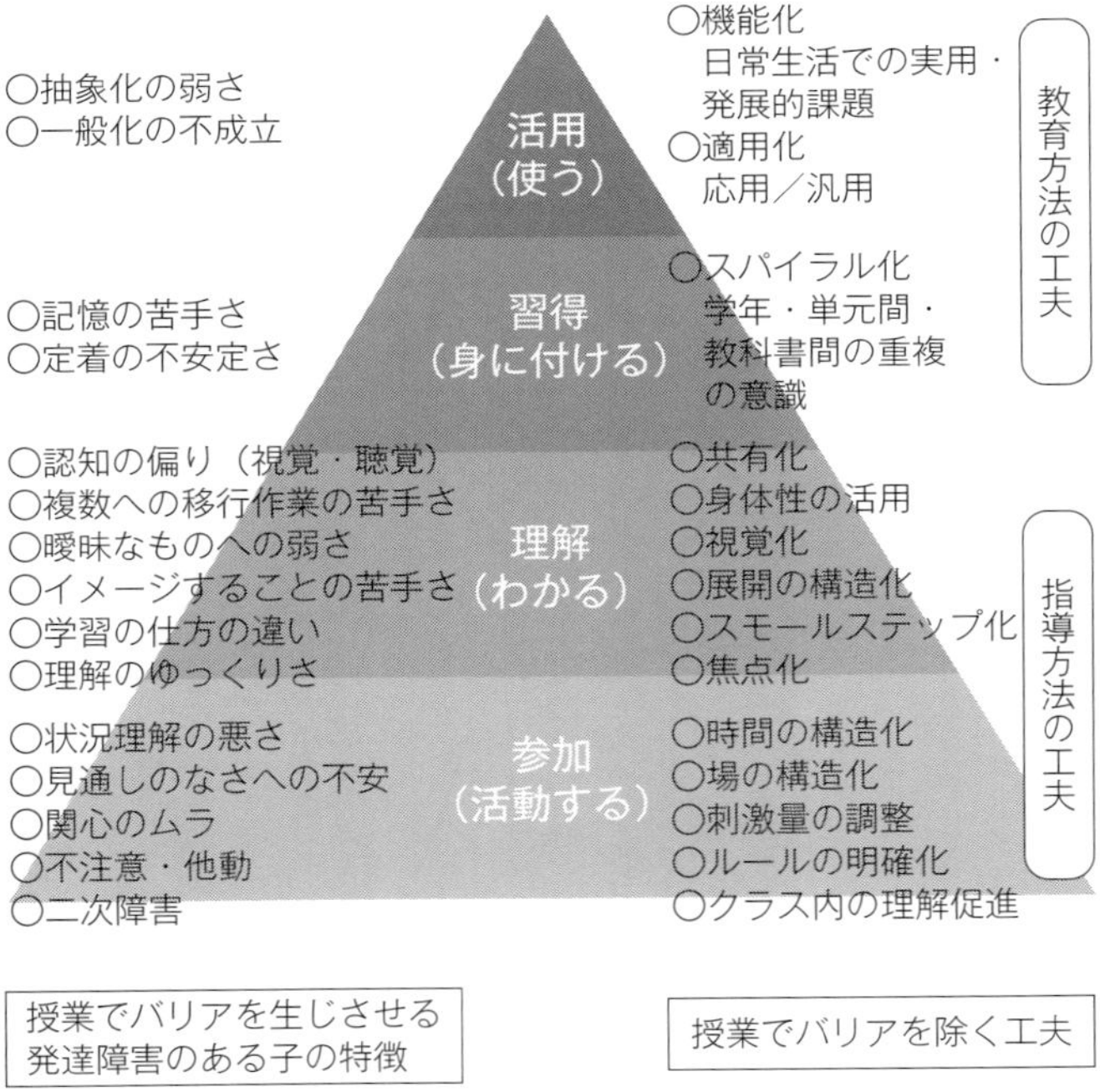
○抽象化の弱さ
○一般化の不成立
活用
（使う）
○機能化
日常生活での実用・
発展的課題
○適用化
応用／汎用
○記憶の苦手さ
○定着の不安定さ
習得
（身に付ける）
○スパイラル化
学年・単元間・
教科書間の重複
の意識
教育方法の工夫
○認知の偏り（視覚・聴覚）
○複数への移行作業の苦手さ
○曖昧なものへの弱さ
○イメージすることの苦手さ
○学習の仕方の違い
○理解のゆっくりさ
理解
（わかる）
○共有化
○身体性の活用
○視覚化
○展開の構造化
○スモールステップ化
○焦点化
○状況理解の悪さ
○見通しのなさへの不安
○関心のムラ
○不注意・他動
○二次障害
参加
（活動する）
○時間の構造化
○場の構造化
○刺激量の調整
○ルールの明確化
○クラス内の理解促進
指導方法の工夫
授業でバリアを生じさせる
発達障害のある子の特徴
授業でバリアを除く工夫

ア……」

すべての子どもたちに参加しやすいわかりやすい授業を求めて、ユニバーサルデザイン化を目指した授業が実践されても、それがうまく機能していない実態が報告されているのです。ペア学習は、小貫（前掲）がモデル図の右側に示す、授業におけるつまずきを突破するための14の視点の一つ、「共有化」においてよく用いられる手法です。「共有化」とは、「子どもがペアやグループで考えを伝え合ったり、教え合ったりすること」です。「共有化」は、他の子の考えをもとに自分の考えを発展させたり、自分の意見を言葉にすることで理解を深めたり、助言を得られることが期待され、全員がわかる授業には欠かせないものと捉えられています。

なぜ、こうしたより多くの子どもたちがわかるための授業の工夫をしても、学びにくい状況が生まれるのでしょうか。

2 教育のユニバーサルデザインを成り立たせる条件

小貫（前掲）は、授業のユニバーサルデザインをどこから始めるかという問いに対して、「学校によって違う」としながらも、発達障害をもつ子どもたちの特徴に対して「場の構造化」「刺激量の調整」「ルールの明確化」「子ども同士の相互理解」という項目を設定しています。つまり、発達障害をもつ子どもたちが、授業に参加するためには、そうした学級環境の整備が必要だと指摘しているのです。

また、阿部（前掲）は、教育のユニバーサルデザインには三つの柱があるとして、「授業のユニバーサルデザイン化」「教室環境のユニバーサルデザイン化」そして、「人的環境のユニバーサルデザイン化」を挙げています。授業のユニバーサルデザイン化とは、クラスの子どもたち全体にとって「よりわかりやすい」授業を目指すことであり、教室環境のユニバーサルデザイン化とは、集中できる教室環境を工夫すること、人的環境のユニバー

教育のユニバーサルデザイン

サルデザイン化とは、子ども同士が「支え合う・学び合う」クラス環境を育てることです。

上図は、阿部の主張を元に筆者が作成したものです。すべての子が学びやすい教育を、教育のユニバーサルデザインと呼ぶとするならば、阿部の三つの柱は、それを三脚のように支えていて、どれが一つ欠けても、それは成り立たないのではないでしょうか。先ほどの村田が指摘したペア学習が成立しないような実態は、子どもたちが支え合い、学び合う関係になっていないのだと考えられます。こうした状態では、共有化の目的を達成することはできないでしょう。

みなさんが、教室の一人の子どもになって想像してみたら、こうした状況はわかりやすいと思います。授業で発問がなされ、自分の考えを書いたところで、教師が「じゃあ、隣の人に自分の考えを説明してみましょう」と言われたときに、相手と関係性がよくなかったり、相手がやる気を失った態度を見せていたりしたらいかがでしょうか。とても学びにくいことでしょう。話しにくいのはもちろんですが、相手がやりたくなさそうな態度を見せていたら、あなたのやる気も奪われてしまうことでしょう。私たちの行動は、私たちのもっている能力によって規定されるだけではなく、周囲の人との関係性や周囲の人の態度やその場の雰囲気によって少なからず影響を受けるものです。人的環境のユニバーサルデザイン化とは、こうした条件を整えることです。

では、どのような人的環境が、学びやすさを促進するのでしょうか。

3 人的環境のユニバーサルデザインのイメージ

人的環境のユニバーサルデザインとはどのようなものなのでしょうか。

阿部（前掲）は、そのイメージを「誰かの間違いを冷やかしたり、失敗をからかったり、という場面をなくし、誰もが「わからない」ことに正直になれる場」また、「「教室はまちがうところ」であり「みんなちがってみんないい」という思いを共有できる」と表現しています。

また、小貫（前掲）も、ユニバーサルデザイン化された授業の14の視点の中で、一番最初に「クラス内の理解促進」として挙げ、「授業に参加するためには「わからない」と言える雰囲気や「間違ったり失敗したりしてもいいんだ」という雰囲気をつくらなければいけません」と言っています。

ただ、ここで注意が必要なのは、これが「人の失敗を笑わない」とか「わからないときは助けを求める」といったルールやソーシャルスキルのみを指し示しているものではないということです。もちろん、ルールやソーシャルスキルが定着しているからこそ、それらの行動ができるわけですが、ルールやソーシャルスキルなどの行動レベルでつくられた環境はとてももろいものです。

おそらく教師の見ていない場やふとした瞬間にそれが守られないことがあるでしょう。雰囲気というものは影響力が大きいですが、また同時に、一瞬で壊れてしまうというもろさやはかなさをもっているものです。教室に30人いたとしたら、29人が、人の失敗を責めたり笑ったりしなくても、たった一人がそれをすれば、いとも簡単にその雰囲気を壊すことができます。これは、ルールやスキルの問題ではなく、習慣や振る舞い方、もう少し踏み込んで言えば、生き方のレベルで身についている必要があるのです。

また、「人の失敗を笑わない」とか「わからないときは助けを求める」ことができるなどの、断片的なスキル指導も危ういと言わざるを得ません。子どもたちの適応感を高めようとして、さまざまなソーシャルスキルを教えるクラスがありますが、あまり感心しません。ソーシャルスキルを教えること自体はとても意味のあることであり、自分自身も実践してきました。しかし、人的環境のユニバーサルデザインとは、そうした断片的な技術ではなく、包括的な考え方によって支えられるべきではないでしょうか。

ユニバーサルデザイン化された授業を「よりわかりやすい授業」だと捉えれば、ユニバーサルデザイン化された学級環境は、「より居心地のいい学級」ということになります。居心地のいい学級は、必然的に人的環境のユニバーサルデザインを促すはずです。居心地の良さを考えるときにそこに居場所があるかどうかが議論されます。教育、特に学級経営を考えるときに、居場所という言葉をよく使いますが、実はあまりよくわかっていないことがあります。

住田（2003）によれば、子どもの「居場所」の構成条件には、主観的居場所と客観的居場所があると言います。主観的居場所は、子ども自身がそこを居場所と感じるかという内的な問題なので、ここでは客観的な条件に注目したいと思います。住田（前掲）は、「子どもの「居場所」というからには、子どもとそうした共感的な、同情的な理解や態度を示す他者との関係がそこになければならない」と説明します。子どもの「居場所」と他者との関係性は切っても切り離せないものだと言えるでしょう。

住田（前掲）の指摘する客観的条件には、関係性と空間性の二つの条件があります。空間性は、教室環境のユニバーサルデザイン化に関わり、人的環境のユニバーサルデザイン化は、子どもの居場所に関わっては、教室における関係性の問題だと言えます。

人的環境のユニバーサルデザイン化の実現は、けっしてルール指導やスキル指導だけのことを言っているのはありません。「人はみんな異なる考え方をしている」「人は間違えるものである」「複数の人が一緒に生活すればトラブルが起こるのは当然」「人生は課題の連続であり、それを解決して行くことが人生そのもの」などの、人間関係育成の前提となる人間理解の部分の教育があって初めて成り立つのではないでしょうか。今の教室を眺めていると、学習内容を理解させることには一生懸命ですが、人間理解にもとづく関係性の育成が弱いように見えます。

そのような認識に立つ教師の指導があって、失敗や成功を繰り返しながら子どもたちは、人を理解し、自分と他者の居場所をつくる意味と方法を学び、結果的に、人的環境のユニバーサルデザイン化が実現していくのではないでしょうか。

それでは、ここからは、具体的実践を通して考えていきたいと思います。

4 具体例で学ぶ 人的環境のユニバーサルデザイン化

①入学後の不安定感から混乱が見られたクラス

クラスの実態・子どもの様子

1年生の1学期です。34名のクラスで、授業中は立ち歩く子が常時6~8名程度、授業開始時刻になっても3人しか教室にいない状態がありました。また、そのクラスにA（女子）さんがいました。彼女は、保育所から「特に気になる子」として申し送りを受けた子です。普段は、歌が好きな明るく面倒見のよい子ですが、虫の居所がよくないと立ち歩いたり、物を投げたりして暴れるようなところがあります。

あるとき、ある日、朝の会からずっとお絵描きをしていました。しばらく様子を見ていましたがやめる気配はありません。朝の会が終わっても、まだお絵描きをやめようとはしません。そこで、担任は「算数を始めますよ」と声をかけましたが、Aさんは、それには反応せずに、お絵描きを続けました。そこで担任は、少し強い口調で「お絵描きをやめましょう！」と言いました。すると、お絵描きはやめましたが、もっていた鉛筆などを担任に投げつけ、そのまま唸り声を挙げて、教室から飛び出して学校の外へ行こうとしました。担任は慌てて追いかけ、なんとか児童玄関でAさんを捕まえて、教室に連れ帰りました。それからもAさんは、注意されると教室を飛び出すことがありました。Aさんの調子が悪いと、学級全体が落ち着かず、学校に行きたくないと言い出す子も出始めました。

お絵かきを
やめましょう！
さんすう

人的環境のユニバーサルデザイン化の視点からの診断

このクラスは、Aさんだけでなく、学期が始まってすぐに登校しぶりをする子がいたり、男子を中心に立ち歩く子がいたりして、不安定なスタートを迎えました。担任は、「最初が肝心」とばかりに、Aさんだけでなく立ち歩く子どもたちを注意したり叱ったりしていました。きっとそうした担任の指導やクラスの不安定な状況に、不安を抱いた子が学校に行きたくないと飛び出したようです。Aさんの当時の家庭の状況も不安定で、学校でほっとしようとしていたのかもしれません。家で叱られ、学校でも叱られたら飛び出したくもなることでしょう。

人的環境のユニバーサルデザイン化とは、子ども同士の関係性だけでなく、教師の指導行動、つまり、リーダーシップもユニバーサルデザイン化することが必要です。担任は、1年生ということで、しつけや規律を優先しようとしていました。しかし、信頼関係なくして指導なし、ふれあいなくして信頼なしという、教師としてもっとも大事な部分を忘れかけていたようです。信頼にもとづく指導が、最大の人的環境としての教師には求められます。

学級づくりのポイント

まず、Aさんを叱ることをやめます。Aさんを叱らないということは、他の子への指導も同様です。実際、Aさんがお絵描きをしていたら、2、3度声はかけましたが、それでもそのままだったら、そうっとしておくようにしました。やらなかった課題については、別な時間を見つけてやらせました。また、もし声かけを聞き入れた場合は、「わかってくれてありがとう」と感謝を伝えたり笑顔でうなずいたりしました。

授業中には立ち歩く子どもたちには注目せず、学習をしている子だけに関心を向けて学習を続けました。授業の開始時刻に遅れてくる子には、「『すみません』とひと言言ってから席に着きましょう」とだけ言いました。授業中におしゃべりする子たちには、授業後に呼び出して「先生は、今の時間とっても授業がやりにくくて困ったんだけど、いい方法ないかな？　あなたたちも勉強ができなくなるから困るでしょ？」と改善策を考えさせました。

5月になる頃には、授業の開始時刻に遅れる子はいなくなり、立ち歩きもほぼなく

適切な行動に注目する

なりました。Aさんがすぐにみんなと同じように行動するようになったわけではありませんが、担任の声かけは比較的素直に聞き入れるようになりました。登校しぶりの子は、少し時間がかかりましたが、3学期開始から遅刻や早退をしなくなりました。

担任がしたことはさまざまありますが、共通の原則があります。それは、「不適切な行動には注目しないこと」と「適切な行動に注目すること」です。遅刻や私語や立ち歩きには注目せず、時間を守っている子、学習に取り組んでいる子に感謝と喜びを伝えました。「先生、とっても授業しやすかったよ。ありがとう」「〇〇さんが一生懸命話を聞いてくれてうれしかったよ」というようにです。どんな問題行動をする子も、フルタイムではなくパートタイムであり、どんな子も長所と短所をもっているという人間観が担任の指導に見えます。だからこそ、その長所に注目するという指導が生まれてくるのです。

②人を傷つける言動が多く見られたクラス

クラスの実態・子どもの様子

3年生、38名のクラスです。進級時にクラス編成替えがありましたが、授業中の立ち歩きも私語もなく落ち着いた様子でした。子どもたちは本当に可愛らしくて、担任は「今年のクラスは天使みたいな子どもたち」だと思いました。

しかし、5月くらいになると、ある女子、Cさんが「先生、Dさんに、毎日『死ね』とか言われる」と訴えがありました。また、ほぼ同時期に、昨年転入してきた女子、Eさんの靴が隠されるということが起こりました。さらに、保護者からは「うちの子（Fさん）

がいじめられているのではないか」との訴えもありました。友達に悪口を言われているとのことでした。

ゴールデンウィークが近づくにつれ、暴力こそありませんでしたが、「『死ね』と言われた」「『消えろ』と言われた」などの言葉に関わるトラブルが頻発しました。そのせいでしょうか、授業中は特定の子しか発言せず、クラスの人間関係に上下関係があるように見えました。

人的環境のユニバーサルデザイン化の視点からの診断

この学年は、低学年のときは3クラス編成でしたが、3年生への進級時に2クラスになりました。つまり、25人ほどから、40人近くになったわけです。低学年時の三つのクラスのうち、一つのクラスは荒れていて、いわゆる「学級崩壊」の状態でした。そのクラスの担任が交代すると、そのクラスは落ち着き、学校でも「評判のよい学年」となりました。では、なぜ進級をしたことにより突然、彼らは荒れ出したのでしょうか。

まず、一つ考えられることは、クラスのサイズが変わったことが挙げられるでしょう。教室の広さは変わらないわけですから、子どもたちからしてみたら急に手狭になったのではないでしょうか。それだけでもストレスが高まりそうです。

しかし、理由はそれだけではなさそうです。乱暴な言葉によるトラブルが頻発しているわけですから、問題は言葉遣いのように見えるかもしれません。言葉の乱暴な地域の特徴も影響していることでしょう。しかし、それは表面的な問題で、子どもたちの信頼関係が極めて希薄なことがそのもっとも大きな要因だと思われます。いきなり言葉遣いが悪くなるとは考えにくいです。彼らは、元のクラスでは適応していた、つまり、居場所を確保していたので、乱暴な言葉を使わなくてもよかったのだろうと思います。

しかし、クラス編成替えにより、自分の居場所が不安定になったときに、なじみのあるコミュニケーション様式に頼ったのではないでしょうか。いわゆる「いい子たち」が荒れることがあります。それは、担任の言うことを聞いていただけであり、主体的に適切な行動をしていたわけではない可能性があります。言葉遣いの指導に留まらず、基本的な信頼関係を育てる必要があります。

学級づくりのポイント

Cさんと Dさんの間のトラブル、また、Eさんに対する靴隠し、Fさんに対する侵害行為に対する個別の指導は必要ですが、人的環境のユニバーサルデザイン化の視点から焦点を当てたいのは学級全体への指導です。個別の問題は、独立して起こっているのではなく、すべてつながっていると考えられます。やせた土壌では、作物が育たないように、学級全体の人的環境が整っていないと同じようなことが、対象を変えて起こることでしょう。

すぐに取り組んだことは、クラスに増やしたい言葉、クラスからなくしたい言葉の指導です。道徳の時間に、「人から言われると傷つく言葉、自分をダメだと思わせる言葉、やる気をなくす言葉」を一人一人に挙げさせました。そして、それが教室に増えるとどうなるか考えさせました。その次に「人に言われるとうれしい言葉、自分に自信をもつことができる言葉、やる気が出てくる言葉」を挙げさせた後、同様に、それが教室に増えるとどうなるかを考えさせました。子どもたちは、後者を増やしたい

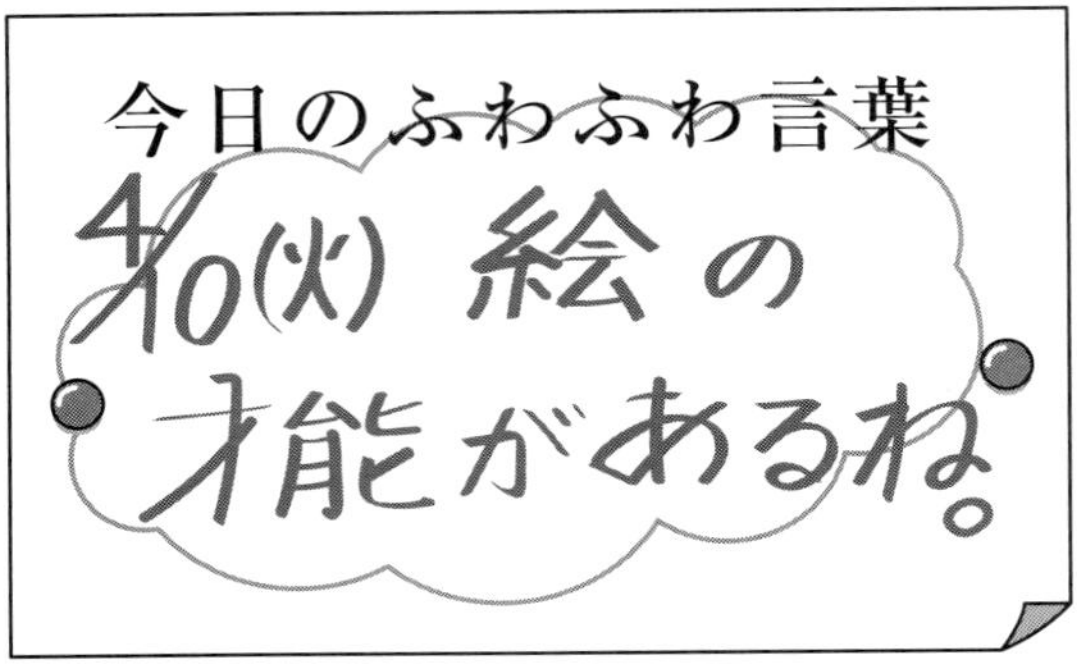
今日のふわふわ言葉
4/10(火) 絵の才能があるね。

と言いました。前者を「チクチク言葉」、後者を「ふわふわ言葉」と呼び、「ふわふわ言葉」を増やそうと呼びかけました。

この授業はインパクトがありますから、一時的に侵害的な言葉が聞かれなくなるくらいに効果があります。しかし、これは、最初の儀式にすぎません。人を傷つけることは許さないという教師の態度表明のようなものです。継続的な指導をしないと、また、元に戻ります。具体的には、子どもたちの発言や日記などの書いたものから、「ふわふわ言葉」と思われるものを探し、指摘し続けます。上図のように、印象的な言葉を用紙に書いて掲示するのも効果的です。教師がそこに関心をもち、注目し続け、「こういう言葉が増えると気分がいいね」と価値づけ続けることが大事です。

言葉の指導は、傷口に絆創膏《ばんそうこう》を貼るようなもの（応急処置）です。次は、ケガをしないように子ども同士の信頼関係を育てる指導（体質改善）をします。基本的な信頼関係を育てる指導は、さまざまありますが、ここではもっとも基本的なことを紹介します。それは、人間関係に上下関係を持ち込ませないことです。

それでは、人間関係に上下をもたらしやすいものはなんでしょうか。これは日常生活を考えてみればわかると思います。大人の場合は職位や立場が邪魔をして、わかりにくいこともあるかもしれませんが、それは発言の量です。発言量が多い人は立場を強め、逆に、それが少ない人は、立場を弱めてしまっていることはありませんか。子どもたちの場合も同じで、たくさん話す子は、声が大きくなりますし、注目も集まり、立場が強くなりがちです。

だから、授業において、できるだけ挙手して発言というスタイルを採らずに、問いかけたらお隣同士やグループで話すようにします。その時に発言量を揃えるために、ペアの場合は「交代で話す」、グループの場合は「輪番で話す」ことをルール化します。

発言量をそろえる

言えないときは、「パス」をしてもいいことにします。そうしないと発言が苦手な子は、話すこと自体が苦痛になってしまいます。大事なことは、発言するしないにかかわらず、発言の機会をもつことなのです。

人を傷つけるような言葉が減ってくると、よりペア学習やグループ学習が機能し、発言量が増え、発言者の偏りがなくなり、雰囲気が明るくなってきました。こうした応急処置と体質改善を繰り返し、クラスの人間関係における対等性を育て、信頼関係の基礎を築きます。

③「険悪な関係」の子どもたちがいるクラス

クラスの実態・子どもの様子

6年生、28名のクラスです。荒れは見られませんが、個性的な子どもたちが集まっています。Gさん（女子）は、Hさん（男子）のことがあまり好きではありません。Hさんも人間関係がうまくつくれる方ではなく、つい人に嫌なことをしてしまいます。一方のGさんも、感情的になることがあり、Hさんには特にキツい態度を取ったり、爪で引っ掻いたりすることがあります。クラス全体としては比較的仲がいいように見えますが、GさんとHさんのそうした関係性がクラスの雰囲気を悪くしてしまうことがあります。

人的環境のユニバーサルデザイン化の視点からの診断

Hさんは、学校中で知らない者はいないという問題行動が目立つ子でした。5年生の前半までは、友達と関わるとすぐケンカし、キレて暴れる、また、比較的落ち着いているときは、女子を相手に嫌がらせをするので、いわゆる、「嫌われ者」だったわけです。しかし、それでも少しずつ自分を変えようと努力し、少しずつクラスメイトからも受け入れられるようになってきました。
しかし、Gさんとはどうも馬が合わず、つい、彼女に嫌なことを言ってしまうことが重なりました。彼女も家族のことや友達のこと、そして、自分自身のことで悩んでいて、クラス全体として受け入れられ始めているHさんを余計に苦々しく思っているところもありました。そうした態度を続けることで、GさんもHさんも、互いが互いの居場所を奪い合っているわけです。周囲のクラスメイトも、この2人の関係性を心配しながらもどうしていいかわからないようでした。

学級づくりのポイント

このクラスでは、クラスの問題を話し合ったり個人的な問題を相談したりする「クラス会議」という話し合い活動を実施していました。この日も、Gさんは、「Hに嫌がらせをされた」と担任に訴えてきました。担任は、「そのこと、クラスのみんなに相談してみないか?」とクラス会議の議題として提案するよう助言しました。すると、Gさんは少し考えてから議題提案用紙に記入を始めました。議題には、実名を書かない約束になっているので「『ある人』にしつこく嫌がらせをされて困っている」と書いてありました。しかし、毎日のように2人はトラブルを起こしているので、誰もが相手はHさんであることはわかっていました。また、Hさん自身も自分のことだとわかっていました。しかし、クラス会議においては、純粋に解決策が話し合われます。誰かが責められたり非難されたりすることはないので、内心落ち着かなかったかもしれませんが、Hさんは通常の態度で話し合いに参加していました。

話し合いが始まると、子どもたちはGさんの気持ちを受け止めながらも言いました。

I：「Gさんは、そうされたときにどうしましたか？」

G：「ちょっと『反撃』しました」

J：「嫌なのは、わかるけど、そうすると余計にひどくなるんじゃないかな」

子どもたちは、Gさんも結構な「反撃」をしているのを知っているので、それとなくいさめているように聞こえました。Gさんを擁護する意見が続きましたが、風向きが少し変わったのは次の意見が出たときです。

K：「嫌がらせをしている人は、寂しいか、仲よくなりたいかだから、一度話してみたらどうですか」

この意見が出るとGさんは宙を見ました。そして、さらに別な子から質問が出ました。

L：「Gさんは、Hさんと話し合ってみましたか?」

すると、Gさんは、ゆっくりと首を振って「じゃあ、話し合ってみます」と言いました。相談者が解決策を得たところで、悩み相談のクラス会議の場合は終了となります。

この後、2人はどうなったでしょうか。

後日、GさんはHさんに声をかけました。Hさんも話し合いを聞いていたわけですから、彼女が話しかけてくることは了解済みだったわけです。そのとき、2人の間でどんな会話がなされたかは、担任も子どもたちも知りません。ただ、それから数日して、ちょっとした「事件」が起こります。

ある日の放課後、Gさんのお母さんから「娘が帰って来ない」と電話連絡がありました。「不審者か?」と一時、職員室は騒然としましたが、すぐにお母さんから電話がありました。「先生！　いました！　家の前にいました！　H君と喋っていました！」とのことでした。クラス会議後、何度か話してみたら、実は共通のアニメが好きなことがわかり、意気投合し、その日は一緒に帰りながら時間を忘れて話し込んでいたということでした。

人生は課題の連続であり、子どもたちも悩んで当然。だから、みんなで悩み相談や問題解決の時間が必要だという認識があり、担任はクラス会議を実施していました。問題が起こっても相談できる仲間がいるということは、大きな安心感につながることでしょう。

教育のユニバーサルデザイン化は、デザインという名前からわかるように技術面が中心になって議論がなされることがあります。しかし、何のための技術かという目的を忘れてしまっては意味をなさなくなってしまうことを心しておきたいものです。特に人的環境のユニバーサルデザイン化は、学級経営のテクニックと考えると容易に管理の為の手法に成り下がってしまいます。人間理解にもとづく一人一人の子どもたちの人格の尊重と一人の人間の学びやすい環境づくりのための発想であることを忘れてはならないのです。

「あの子にとってよりわかる授業とは？」「あの子にとってより過ごしやすい教室とは？」このような問いを持ち続けることで見えてくるのが、ユニバーサルデザイン化された教育の姿なのではないでしょうか。

参考文献

●阿部利彦『通常学級のユニバーサルデザインプランZERO　気になる子の「周囲」にアプローチする学級づくり』東洋館出版社、10、11、14—15頁
●小貫悟・桂聖『授業のユニバーサルデザイン入門　どの子も楽しく「わかる・できる」授業の作り方』、2014、東洋館出版社、14、55、21—22、51頁
●村田辰明「安心感があって刺激的なクラスをつくる原則」、桂聖・川上康則・村田辰明編著、授業のユニバーサルデザイン研究会関西支部著『授業のユニバーサルデザインを目指す「安心」「刺激」でつくる学級経営マニュアル　すべての子どもを支える教師の1日』、東洋館出版社、2014、20頁
●住田正樹「序章　子どもたちの「居場所」と対人世界」、住田正樹・南博文編『子どもたちの「居場所」と対人世界の現在』九州大学出版会、2003、7頁
●手塚郁恵『シリーズ〈育てる〉学校カウンセリング③好ましい人間関係を育てるカウンセリング』、学事出版、1998、33—34頁
●赤坂真二『友だちを「傷つけない言葉」の指導　温かい言葉掛けの授業と学級づくり』、学陽書房、2008、44—45頁

執筆者紹介

阿部 利彦

（あべ・としひこ）

星槎大学大学院教育実践研究科教授

早稲田大学人間科学部卒業、東京国際大学大学院社会学研究科修了。専門は教育相談､学校コンサルテーション。東京障害者職業センター生活支援パートナー（現・ジョブコーチ）、東京都足立区教育研究所教育相談員、埼玉県所沢市教育委員会健やか輝き支援室支援委員などを経て､現職。星槎大学附属発達支援臨床センター長、日本授業UD学会理事、日本授業UD学会湘南支部顧問などを務める。

赤坂 真二

（あかさか・しんじ）

上越教育大学教職大学院教授

新潟大学教育学部卒業、上越教育大学大学院修士課程修了。学校心理士。19年間の小学校勤務では、アドラー心理学的アプローチの学級経営に取り組み、子どものやる気と自信を高める学級づくりについて実証的な研究を進める。2008年度から、即戦力となる若手教師の育成、主に小中学校現職教師の再教育にかかわりながら、講演や執筆を行う。

川上 康則

（かわかみ・やすのり）

東京都立矢口特別支援学校主任教諭

立教大学卒業、筑波大学大学院修了。公認心理師、臨床発達心理士、特別支援教育士スーパーバイザー。NHK「ストレッチマン・ゴールド」番組委員。障害のある子どもの指導に長年関わる一方で、保育園・幼稚園、小・中・高校などでの講演活動、ちょっと気になる子についての相談などにも携わっている。

松久 眞実

（まつひさ・まなみ）

桃山学院教育大学教育学部教授

大阪教育大学大学院修了、教育学修士。公認心理師、特別支援教育士スーパーバイザー。学校心理士。臨床発達心理士。堺市立特別支援学校で教師生活をスタートし、市内小学校で主に通常の学級担任として勤務。堺市教育委員会指導主事、プール学院大学教育学部准教授などを経て現職。

人的環境のユニバーサルデザイン
子どもたちが安心できる学級づくり

2019（令和元）年11月11日　初版第1刷発行
2020（令和2）年11月　6日　初版第5刷発行

著　者　阿部利彦　赤坂真二　川上康則　松久眞実
発行者　錦織 圭之介
発行所　株式会社 東洋館出版社
〒113-0021　東京都文京区本駒込5-16-7
営業部　電話 03-3823-9206
　　　　FAX 03-3823-9208
編集部　電話 03-3823-9207
　　　　FAX 03-3823-9209
振　替　00180-7-96823
URL　http://www.toyokan.co.jp

[カバーデザイン] 中濱 健治
[印刷・製本] 藤原印刷株式会社

ISBN978-4-491-03946-6
Printed in Japan

JCOPY ＜(社)出版者著作権管理機構 委託出版物＞
本書の無断複写は著作権法上での例外を除き禁じられています。複写される場合は，そのつど事前に，(社)出版者著作権管理機構（電話：03-5244-5088，FAX：03-5244-5089，e-mail：info@jcopy.or.jp）の許諾を得てください。